U0781611

法苑见闻

赵复强 著

台海出版社

图书在版编目（CIP）数据

法苑见闻 / 赵复强著 . -- 北京 : 台海出版社，
2017.3
ISBN 978-7-5168-1325-6

Ⅰ . ①法… Ⅱ . ①赵… Ⅲ . ①审判—案例—中国
Ⅳ . ① D925.05

中国版本图书馆 CIP 数据核字 (2017) 第 043391 号

法苑见闻

著　　者：赵复强
责任编辑：王　萍　　赵旭雯　　　　　装帧设计：周香菊
版式设计：周香菊　　　　　　　　　　责任印制：蔡　旭
出版发行：台海出版社
地　　址：北京市东城区景山东街 20 号，邮编 100009
电　　话：010 — 64041652（发行，邮购）
传　　真：010 — 84045799（总编室）
网　　址：www.taimeng.org.cn/thcbs/default.htm
E-mail：thcbs@126.com
经　　销：全国各地新华书店
印　　刷：廊坊市鸿煊印刷有限公司
本书如有破损、缺页、装订错误，请与本社联系调换
开　　本：880×1230　　　　　　　　1/32
字　　数：74 千字　　　　　　　　　印　　张：4
版　　次：2017 年 3 月第 1 版　　　　印　　次：2017 年 3 月第 1 次印刷
书　　号：ISBN 978-7-5168-1325-6
定　　价：28.00 元

不算序的序

赵复强

农历壬寅年腊月十五的凌晨，刮了一夜的北风渐渐停息。

在一个面积不大的农家小院里，几株老槐依然挺立。这里正是建国初期中国大地上千百万贫寒家庭之一。窗外，还是一片朦胧，那是黎明前的黑暗；室内，一盏土制的油灯发出微黄色的光，决意对接东方的太阳。

寅末卯初的时刻，一声虚弱而卑微的啼哭打破了黑的寂静，一个小男孩呱呱坠地。

母亲一看又是一个要房子要地要媳妇的主儿，无限忧愁顿时涌上心头；父亲倒是略带欣喜，说："就叫老四吧。"从此，老四的名字就在左邻右舍长久传开。尽管父母后来又给他取了学名，但乡亲们只习惯叫他老四。

……

十二年过去了，按干支纪年法，流年甲寅。老四已能帮父母做些家务，再有课余时间，他还要背上一个小筐，去田里割

草，捡柴，或者还有等等等等及其他。

隆冬季节，原野早已大雪覆盖，父兄们依然居家做些零活儿，孩童老四无忧无虑，乐得自在清闲。腊月十五的夜晚，月明星稀，乾坤郎朗，玩累的老四率先入睡，并早早进入了梦乡——

一辆绿色的吉普车停靠在"三节地"（老四家乡的一块农田）的地头公路上，一个身着上白下蓝制服的公安干警，手托一套公安服装和标志性顶戴（大盖帽）走下车来，站在地头高喊："谁是老四，请过来一下。"正在割草的老四怯生生地来到车前，只听公安干警报喜般地说道："你已成为公安干警，请立即换上制服，跟我们到公安局报到。"

老四的激动不言而喻，只是当他惊醒时，发现被子早已踹到了脚下。

……

梦后八年的壬戌年农历七月某日午后时分，老四收到母校恩师来信："你已分配到 L 市，单位是政法机关，具体工作是书记员。"

"啊？书记员！"老四惊诧万分："我只听说司令后面加一员字，官是很大的；这书记后面再加一员字，那该是多大的官呀？"（别笑，这就是那个时代的老四；只是当时他还不知道这叫封建"官本位"思想）

此时，太阳正高挂西天，下地劳作的人们尚未收工。老四一人在自家槐影婆娑的院子里来回踱步。只见他一会儿双手掐腰作伟大人物状，一会儿又倒背双手作志得意满状，眼睛还不时地仰望一下深邃的苍穹。

远处，一朵白云在湛蓝的天空下随风飘动，满载着老四的无知与莫名的骄傲，忽忽悠悠，渐行渐远。

……

老四的命运还算不错，儿时的梦想没有落空，他最终走上了审判岗位，成为一名光荣的人民法官，专业从事民事审判工作。几十年以后，他又以一支拙笔录下所历所闻，试图以坐井观天之势（势应为式）感悟新中国建国以来基层社会与普通民众的法生活。

作者于家乡槐林庄园

二〇一六年（丙申）仲春

序

目　录

CONTENTS

不许破裂的感情

1948年，甲男和丙女在父母包办下结婚，此后陆续生育一儿一女。1949年，刚刚成立的中华人民共和国百废待兴，文化人才处于奇缺状态。甲男识文断字，因而被选拔到本村新立小学教书，后因其能力较强，又被某大城市一所中学调用。

新的环境俨然另一个世界，无论是星光下的霓虹灯影，还是人流中的粉面桃花，一切的一切都以城市特有的洋气强烈震撼着甲男。他的思想渐渐发生了变化，尤其是对于那个由父母包办而又土得掉渣的妻子，再也没有些许的留恋与向往，因而连续几年拒绝回家。

1956年，甲男以父母包办、没有感情、思想不一致为由，向某县法院提起诉讼，请求与丙女离婚。法院经审理认为，甲男所诉不实，判决不准离婚。1957年6月，甲男以同样理由再次起诉离婚，法院当即裁定不予受理。1957年9月，甲男第三次起诉离婚，仍然被法院裁定不予受理。1959年2月，甲男第四次起诉离婚。法院鉴于其屡诉不止的情况，又加之丙女坚决不同意离婚，便依职权对甲男的生活、工作及其与女性交往等情况进行了全面调查，发现他与某中学女生交往频繁，关系密切。法院据此认定甲男乱搞两性关系，属于喜新厌旧的资产阶级思想，为中华人民共和国婚姻法和社会主义道德所不容，故判决不准离婚。甲男所在学校党组织亦以同样理由将甲男调离教师岗位，下放农村劳动改造。

这是一个在今天看来匪夷所思的认定与判决，因为根据1981年新婚姻法及2001年新修订的婚姻法规定，因感情不合分居满二年，经调解不能和好的，应准予离婚。至于导致感情不合的深层次原因，不论是婚前基础不牢，还是婚后一方当事人喜新厌旧，新的婚姻法并不要求对感情破裂的正当性进行审查。也就是说，任何一方当事人的道德缺失，都只能受到道德的谴责，不能成为限制离婚的理由。而一方当事人因闹离婚受到组织处理，甚至丢了工作，则更是一件不可思议的事情。

但是，历史就是历史。甲男的悲哀正在于他早生了三十年，而那时的中国正激情澎湃。当我们以敬畏的目光回望历史的天空，会惊奇地发现，二十世纪五十年代那种改天换地、横扫一切污泥浊水的革命风云依稀涌动，震撼人心。在那个如火如荼的光荣岁月，不分行政与司法，不论家庭与社会，他们以无坚不摧的合力，严厉打压着任何的猥琐、私念、不健康和不道德。在这旷古未有的宏大历史背景下，尽管1950年婚姻法规定，男女一方坚决要求离婚的，经区人民政府和司法机关调解无效时，亦准予离婚。但对于那些因身份地位变化而移情别恋的男女（当时主要指男性）来说，行政、司法乃至整个社会都惊人一致地给予了坚决抵制，"排除第三者，维持原婚姻"的司法惯例也因此得以形成，并一直延续到二十世纪八十年代初期。

如今，思想多元，文化多样，诉求各异，其中不排除某些进步因素。但作为一个准备复兴的民族，远大、正义、进取的传统也许依然需要，规范、引领、管理社会的合力也许依然需要。

法苑见闻

我要自己找婆家

　　1949 年，十七岁的甲女与二十七岁的丙男在女方父母包办下结婚，婚后发现男方长她十岁，而且相貌丑陋。尤其是丙男那张猪嘴獠牙的脸和弓形脊背，更令甲女恶心至极。她几次都想离家出走。然而，几千年形成的"父母之命、媒妁之言"以及"嫁鸡随鸡、嫁狗随狗"的婚姻习俗，又牢固束缚着甲女的思想与行动。她只能默默地忍受。

　　1950 年，《中华人民共和国婚姻法》颁布实施。那是一部彻底摒弃了封建遗毒的全新法律，其中严禁包办和买卖婚姻。该法律虽然贯穿着男女平等、婚姻自由等思想，但立法本意却更加注重妇女权益的特别保护与尊重。所以，1950 年婚姻法又被中外史家称为全世界最为彻底的妇女解放运动宣言。

　　新的婚姻法犹如晴天霹雳，骤然唤醒了甲女，她一纸诉状投向了某县法院，以婚前父母包办、婚后没有感情为由，请求离婚。县法院经审理认为，甲女所诉属实，判决准予她与丙男离婚。丙男不服，先后上诉到省人民法院某专区分院和中央人民政府最高人民法院，二审和三审法院均维持了县法院的原审判决（当时法院属于政府的职能部门，司法也未建立两审终审制度）。

政府的大力宣传和法院的强力适用，使1950年婚姻法如春风化雨，迅速普及中国大地。据某市市志记载，在1950年审结的民事案件中，婚姻纠纷占75%，而女方提出离婚的案件占全部离婚案件的95%；同时，还在政府主持下，解除了大量的包办婚约，仅1952年至1953年间就解除婚约5368对。脱离了封建桎梏的妇女们，以空前解放的心态与形象，阔步走向了理想的家园。

当然，矫枉也有过正的时候。在那个特殊的历史时期，对于女方作原告的所有离婚案件，法院都无一例外地判决离婚了。后来有法院工作报告称，这是具体工作中的一种偏差。

法苑见闻

胜诉者的悲哀

1960 年以后，妇女地位高涨，她们不但在社会生产与生活中取得了与男性相同的地位，而且在婚姻关系的存废去留方面，更加具有决定性作用。此后，兴无灭资、有利生产、有利团结、有利社会主义家庭巩固等政治口号和要求，逐步取代了婚姻法的具体规定，成为司法实务界处理离婚案件的原则与标准。

甲男，25 岁；丙女，23 岁。均为农村贫苦家庭出身，时称根红苗正。他们一个是劳动模范，一个是生产能手。后在好心人撮合下，两个根红苗正的优秀青年于 1964 年结为夫妇，组成了名副其实的社会主义新家庭。婚后不久，甲男发现双方性格尖锐对立，夫妻感情难以融洽。甲男因此提出离婚。基层组织与司法机关从政治角度考量，展开了大量的调解和好工作，但结果却是，男方坚决要求离婚，女方坚决不同意离婚。无奈之下，法院只好根据当时的政治气候，判决双方不准离婚。理由是，甲男以感情不和请求离婚，属于资产阶级腐化思想的反映，应以共产主义原则对待婚姻不协调现象。丙女终于胜诉了。从此，双方在夫妻名义下开始了长达二十年的分居生活。

1981年，新的婚姻法颁布实施，其中明确规定：夫妻因感情不合分居满二年，经调解不能和好的，应准予离婚。甲男在新婚姻法感召下，于1984年再次起诉离婚。

当审案法官找到丙女时，发现那个当年如花似玉的靓丽女子，已被苦闷与岁月雕琢成满目沧桑的中年妇人。面对法官送达的离婚诉状和顺便给她带去的新婚姻法文本，这个独守空房二十年的妇女潸然泪下……

丙女再也无需法官的苦口婆心，她在无限懊恼与悔恨中，毅然决然地同意离婚了。

法苑见闻

闻所未闻的婚礼

　　这里，是四星级的酒店，也是某市城区最高档饭店之一。室内，高朋满座，亲友咸集；室外，巨型充气彩虹门高高耸立，正中写着"恭贺甲男先生与丙女小姐新婚誌禧"，两侧还有"喜结连理、百年好合"对联一副。

　　时间：二十一世纪初某年某月某日。

　　迎亲的车队早已出发，前面领队车型为"奔驰"，后面四辆车型为"桑塔纳"。这个简称"奔桑"的小型车队一码黑色。按原定计划，女方陪嫁一辆红色"奥迪"，这样，回归的车队正好是六辆彩车，取"六六大顺"之意；而五黑一红的色彩搭配，又取"万绿丛中一点红，动人春色不须多"的画意诗情。

　　十一时五十八分（大概是"正点我发"的谐音），震耳的婚乐戛然而止，这是婚礼即将开始的标志。只听婚礼主持人以情感中性的语气宣布：由于出现了一点点意外，新娘子尚未接到，请大家举杯动筷，先行开席。亲朋好友在莫名其妙的气氛中忐忑就餐，草草落筷。就在大家即将离席撤退时，又听婚礼主持人情绪低沉地宣布：我奉主人之命向大家通禀，今天的酒席既是结婚喜宴，又是离婚谢宴，谨以主人名义向大家致歉。

各路亲朋闻此更为诧异，如坠五里雾中。后经细密打探得知，因新娘陪嫁车辆未予落实，新郎当即拒绝迎娶……面对此情此景，一股凄凉立马透遍宾客身心（其实与他们没什么关系）。人们缓步走出酒店，一边窃窃私语，一边望着远处的车水马龙。

高高的彩虹门仿佛历史与未来的节点——我们曾经与封建婚姻决裂，我们曾经对极"左"思潮无奈。如今，自以为战胜了历史的人们，都激情满怀地在自由的道路上迅跑（套用毛泽东语），懵懵懂懂地冲向那个自诩为"现代文明"的目标。然而，在遥远的前方，难道真的是我们理想中自由王国的殿堂吗？

甲男与丙女的婚姻闹剧，倘若不是婚姻自由的应然状态，那是丢掉传统的悲哀吗？那是婚姻自由的代价吗？所有这些，恐怕不是贺喜嘉宾能够想通的。但有一点似乎可以断定，也许将有崭新的离婚案件正在等待着司法去处理。

法苑见闻

嫁出姑娘泼出水

自清末沈家本修律，西方法律制度开始引进中国，后在打倒孔家店的一片呐喊声中渐趋西化，使民国以来私法制度逐步割裂了中国的私法传统，造成很多私法制度设计相当的不接地气。好在我们的公法体系由于历史和现实的原因，无法完全照搬西方，因而在一定程度上弥补了现代私法对中国传统的割裂，并在国家与社会治理方面越发显现出独特优势。

有这样一个案例，张大姑状告张小哥，要求继承分割其父母（张小哥祖父母）遗留的五间房产及宅基。张大姑现年65岁，1957年远嫁他乡；张小哥现年40岁，其祖父母及父母去世后，一直占有使用该房产和宅基。争议的房屋和土地历史上曾两次变更登记，一次是1987年由张小哥祖父名下过户到他父亲名下，一次是1997年由张小哥父亲名下过户到他的名下。2007年，争议的房屋及土地拆迁改造，价值倍增，由原来的两万元剧增到两百万元。张大姑对此十分眼红，引发诉讼。

法院经审理认为：①争议房屋虽为祖遗财产，但在两次过户过程中，张大姑均未主张过权利，所以诉讼时效已过，依法不再受法律保护。②农村宅基地经人民公社化运动，已由私有变为公有，村民个人只享有使用权而没有所有权，且使用权主体仅限于本集体组织成员；张大姑已于五十年前远嫁他乡，早已丧失本集体组织成员资格。③农村宅基地确权是以户为单位的，只要原户尚存，宅基地权益只能由原户享有；原户成员不分男女，一旦脱离原户，便不再享有原户宅基权益。基于上述理由，张大姑的请求被依法驳回（其实一条理由就足够了）。

对于上述案例，曾被作为法制宣传中的普法素材，借以宣讲相关法律制度。但宣讲人员在告知听众判决结果和进行法律讲解之前，先以卖关子的口吻问道："大家说，张大姑的请求能不能得到支持啊？"

"不能。"大家异口同声地说。

"请问这是为什么呢？"

"嫁出去的闺女泼出去的水。"

这真是令人大跌眼镜的回答。但仔细想来，却情有可原。虽然我们的婚姻法规定，结婚时可以女到男家落户，也可以男到女家落户，可实际情况却是女到男家落户的高达百分之九十九点九九九（非统计数字）；还有，继承法规定，女儿与儿子对父母遗产享有平等继承权，可在广大农村，人们大多把进门的媳妇作为自家人，却把嫁出去的姑娘作为外姓人。

被立法与司法搞得如此复杂的问题，在普通民众那里却简

法苑见闻

单至极，原因即在于国家制度设计与百姓心理认知之间存在巨大断层。如何联系中国实际，充分贴近中国民情，恐怕还是中国立法和司法必须认真对待的问题。

可怜血衣为证

　　1988 新年伊始，春寒料峭，风刀刺骨，熬过了严冬的人们依然棉服加身，按时令还没有到大兴土木的季节。但等着建新房娶儿媳的张三顾不得许多，为了实现翻建新房的宏图伟业，他要抓紧拆掉旧房，预做准备，以便早动工早竣工，了却心愿。

　　然而，令人沮丧的是，就在他拆房的后期，麻烦的事情出现了。张三与东邻张二乃一祖之孙，两家房屋原为曾祖父所留，二人祖父于民国年间分家析产，各自为业，每家分得房屋三间，而分界之处为"连山"（两家共用的一道山墙）。1950年土改时，两家平分地基，分别填证。现张三拆旧盖新，为保证自家宅基面积不变，意欲拆除"连山"，遭到张二拒绝。双方自此发生纠纷，虽经中人说合，仍未妥善解决。以后纠纷不断升级，由谩骂到殴斗，终至张三多处外伤，血染冬装。

　　张三一纸诉状投到某县法院，要求张二给予损害赔偿并拆除两家"连山"。血衣随身携带，以为证据。县法院鉴于双方地证相符，判决张二拆除"连山"，并对张三损害问题做出相应处理。张二不服，上诉于二审法院。

调解室内（当时民事审判要求调解为主），张二细说原委："我与张三本为堂兄弟关系，素来情投意合，遇事多有协商。后见他儿子渐渐长大，面临成家立业，我便劝他另外申请一块宅基地筹建新房，至于两家'连山'的老宅基，等什么时候我也有条件翻建新房了，再一起拆除旧房，各依界限重建。可他就是不听，说公家的便宜不能占。如今倒好，放着整块的宅基不要，却在这祖遗宅基上争这三寸宽的地方，你说这不是糊涂吗？"

张二所言虽与本案无关，但却道出了当时的政策精神以及宅基地管理实际。因为不论根据1963年的政策，还是根据1982年的规定，分户的家庭可以申请宅基地，占用非耕地的由生产队长或村干部决定，占用耕地的由村级审核后报公社或县批准，不论哪种土地作宅基一律无偿划拨。张三显然符合申请宅基地条件。而从宅基地划拨的实际情况看，凡是有男孩的家庭，不论是否分家立户，均可提前得到宅基地（此乃土地管理混乱时的实情）。张三不想占公家便宜的想法，乃是当时深受毛泽东思想洗礼而又身处那个时代的部分诚实农民的真实想法，而他们只能等到1995年国家认可所有占地事实时再去后悔了（玩笑，此时距1995年尚有七年时间）。

被告张二（二审上诉人）不服一审判决的真正理由是：两家拆旧建新，必然取消"连山"，各砌山墙，而任何房屋都要顶部出沿，"连山"部分正好可作两家出沿之用。这样，在张三建房时，原有"连山"不必拆除，新房地基比证载尺寸回缩三寸即可。张二此说符合建筑要求和农村盖房习惯，二审法院最终在"连山"处理上支持了张二的主张，驳回了张三的请求（客观上无法支持），损害赔偿问题维持原判。

扼杀了亲情的血衣未能证赢张三的宅基诉讼，但却客观上昭示了一段历史的悲哀——诚实的人们宁可自相残杀以争微利，也不依法（当然更不会违法）争取额外应得之利；而奸巧之辈则趁机大捞其好处。司法同情张三，但却无法奖赏他曾经的耿直。

法苑见闻

不孝子看透慈母心

见利忘义的情形，肯定不仅仅发生在畜牲那里，人类自身也一定有这种劣根性。否则，二千多年前的孟子绝不会自我标榜说："生，亦我所欲也；义，亦我所欲也。二者不可得兼，舍生而取义者也。"而现实生活中的故事，更一次次验证着上述论断。

2010年，某县因城镇扩张，需将县城周边某村集体拆迁，这对当地农民来说，确是重大利好。他们不仅可以得到数额可观的现金补偿，还可按人口数量得到回迁房屋。

村民张三，上有花甲老母，下有年幼双子，中有妻子和一个已出嫁的妹妹。按当时当地政策，其全家五口人应得回迁楼房200平米，外加现金若干。对此，母亲提议：楼房要两套，一套80平米确权在自己名下，另一套120平米确权在儿子名下；现金按补偿政策分配，是谁的归谁。这个方案立即遭到儿子的反对，其子张三提出的方案是：要100平米楼房两套，全部确权在自己名下，母亲可自行居住一套；现金处置同意母亲意见。在局外人看来，反正都是你们家的东西，怎么确权，怎么居住，那结果还不都是一样的吗？但实际情况远非如此，母子二人确实各有各的考虑，各打各的算盘。

分歧无法弥合，矛盾愈演愈烈，终至人伦失序，母子对骂。双方不得不诉诸法院。

面对此案，法官并未急于开庭，而是把工作重点首先放在了灭火上，并顺便摸清母子双方的真实想法。原来，母亲之所以提出上述方案，主要是基于养老的考虑；自己名下有套房子，既可以自行居住，又可保证尽心赡养自己的子女将来得到一些财产补偿（其实就是想通过遗嘱给相对孝顺的子女）。儿子张三所提方案的理由，要比其母亲复杂得多：一是自己已有两个儿子，将两套房子均确权在自己名下，可确保儿子将来成家无虞（虎毒不食子）；二是认为其母亲心存偏向，一旦将房屋确权在其母亲名下，极有可能被其母遗嘱给女儿（张三之妹），那样自己就只能瞪着眼睛吃大亏了（似乎懂事）。

我们震惊于母子的相知，我们钦佩于母子的远见，但我们更悲哀于……至于案子怎么处理，有所谓当代民法在，那是难不倒我们智慧的法官的。大不了判决家庭共有，母子合住，此后不论谁有幸先死，再打个继承官司也就了事了。

但聪明的读者一定会问，难道母子、兄妹之间仅仅是个财产关系吗？而我们只能遗憾地告诉您，立法如此，司法夫复何为？

都是祖宗惹的祸

2005 年，某市辖区第一大镇 S 镇房地产开发方兴未艾，大批农村被整体拆迁。张老大与张老二兄弟乃某村村民，家有房屋若干，宅基三亩，亦在拆迁之列。

巨大的补偿利益，强烈诱惑着兄弟二人的子女们。由于老哥俩始终没有明确分家，致使双方团队在利益分配上出现严重分歧，官司打到法院。办案法官经调查得知，双方矛盾已是剑拔弩张，一触即发，分别扬言"不惜生命代价"。

办案法官敏锐感到事态严重，强烈的责任感驱使他们火速赶到现场，以便深入了解案情，妥善平息事态。

——三亩宅基乃父祖所留，上有三间正房系 1889 年由祖父所建，五间正房系 1970 年张老大与其父所建，剩余大小房屋皆由张老大及其子女所建。

——张老大，现年 75 岁，职业农民；张老二，现年 65 岁，1958 年参加工作，现为退休工人，其所有家庭成员全部落户外埠。因兄弟二人现已年老体衰，不能有效管控各自团队，致使纠纷不断升级。

——现双方矛盾已有激化苗头，如处置不当，极有可能引发家族混战，甚至出现流血事件。

根据上述事实和现行法律规定，一个框架性思路在主审法官脑海中迅速形成：①张老大及其部分亲属仍属该村集体组织成员，张老二及其家庭成员因落户外埠不再具有本村集体组织成员资格。依法应由集体组织成员享有的特定补偿，均与张老二及其家庭成员无关。②部分房产及其所占宅基系父祖遗产，此部分补偿应由张老大、张老二按法定继承原则均分；其余房产和宅基因张老二于1958年户籍外迁，已依法归属张老大所有和使用，其补偿问题亦与张老二及其家庭成员无涉。

然而，办案法官深知，思路归思路，若要详细厘清各种关系，并最终确定分配数额，难度着实不小。于是，他们在好言相劝、稳定事态之后，决定立即返程，并承诺认真研究双方争议，妥善确定解决方案……双方当事人很给面子，答应在法院做出最后处理前，不再私下冲突；但双方当事人同时发出警告，如果以调解为名久拖不决，一切后果由法院承担。

返程途中，办案法官默默地想："这真是祖宗惹的祸。不是当年前辈勤俭持家，何来今日子孙反目成仇啊！司法也许能够厘清他们之间的财产争议，但未必能够了断他们之间的爱恨情仇。"

联想至此，办案法官真想替老祖宗大哭一场。

法苑见闻

公家土地私家仇

时间定格在 2007 年。此时距中国农业合作化时期五十年，距人民公社化时期四十五年，距中国第一部土地管理法颁布实施二十年。按照常理，不论是官方还是民间，新的土地观念早该确立，但实际情况却并非如此。

1987 年，张三大学毕业，托共产党的福，他有幸分配到某县事业单位。1997 年，家中父母先后去世，一所空宅闲置十年。以脱离农村为荣的张三，对父母遗产本不关注，但由于近年农村宅基不断升值，他便于 2007 年回家重整老屋，并顺便将其宅院南侧二分空闲宅基砌墙圈入自家院中。此举立即遭到南邻张二的反对。

原来，张三与张二乃一爷之孙，建国初期二人父辈分家析产，各自为业，空闲宅基两家均分。1987 年，全国性地籍调查和重新确权时，某市政府根据土地管理法规定和本市实际，制定了宅基丈量一律以房墙和院墙外径为界的政策。张三与张二两家共有的二分空闲宅基因不在两家院墙之内，故不能确权填入新证。此二分宅基于那时即已客观上成为集体的闲散土地。张三砌墙圈地的做法，本应受到村集体组织的干预，但村干部和村民均认为此空闲宅基仍为张家祖遗宅基（真是笑话），村干部无意代表村集体组织主张权利。

张二状告张三，要求张三拆除院墙，均分该空闲宅基。对于这样的起诉，人民法院本应作"不予受理"的处理，但法院却受理了。后因发现争议土地并未确权给原被告任何一方，故裁定驳回了原告的起诉。法院作为一桩民事案件就这样审结了，但张三圈占土地的行为在民事司法上却无法制止。而原告张二则表示继续上访告状，以维护自身权益（其实原被告双方均无权利可言）。

看着这个树欲静而风不止的案件，办案法官心情异常沉重——该主张权利的村集体组织拒绝主张权利，该按土地违法上报的村干部怠于上报，负责土地稽查的部门又疏于稽查。长此以往，国家的土地管理将情何以堪？当然，作为参与办案的法官来说，更为直接的压力来源于张二的上访，因为这极有可能使自己的屁股挨板子。

法苑见闻

可爱的时间老人

2006 年的春天，对于张老三和张小三父子来说，必定是给他们带来生机和希望的季节，因为他们有幸遇到了他们生命中最大的贵人——时间老人。

老张三和张小三父子之间的矛盾源于张小三的新婚妻子。

2004 年，张老三为了给儿子张小三完婚，和多数中国传统家庭的家长一样，投巨资为儿子购置了一套新房，产权登记在儿子张小三名下。结婚后的张小三夫妇，经常回女方娘家探视，却几乎不再踏入男方父母家门，引起张老三夫妇的强烈不满。张老三一气之下将儿子儿媳的住房加了新锁，并告知他们不许再居住此套房屋。后几经周折，矛盾仍未解决。无奈之下，张小三以其父侵权为由，向某基层法院提起诉讼，请求法院判令张老三停止侵权，解锁开门。张老三见儿子告了状，他也一纸诉状投向同一法院，以该房屋系其出资购买，且张小三夫妇不孝为由，请求法院判决儿子张小三归还房屋。

此案经基层法院多次调解无效，最终根据客观事实和当事人的实际需要，两案分别做出判决，房屋判归父亲张老三所有，而使用居住权利判决儿子张小三享有。判后，父子双方均表不服，分别向二审法院提起上诉。此时正值2006年春季，春天的丽日和风或许会有摧枯拉朽的自然伟力。

二审法院第一次开庭后，那个当爹的张老三拿出一把一尺多长的杀猪刀，声称如果二审法院判如一审，他就一刀捅了儿子张小三！至于还杀不杀别人，他说还没决定呢。二审法官敏锐地感到此案有激化苗头，于是拿出发回重审意见，得到合议庭和有关领导认可。

二审法院发回重审的意见简单讲就是一个字——拖。具体讲就是，用足用好法律赋予法官的程序处置权，让时间老人帮法院做当事人的工作。决策的动机和依据是，当一个家庭或家族成员之间完全需要依靠法律规定才能相处时，那么这个家庭的伦序观念和传统美德便已丧失殆尽，而我们的所谓司法丝毫无助于家庭亲情和伦理道德的重建。

时间有时真的能抚平一切。两个多月以后，一审法院的同仁兴高采烈地向二审通报：时间老人真有办法，那对曾经剑拔弩张的父子，已于几天前先后撤回起诉了。

法苑见闻

划时代的审判

　　清末某年，李四父祖从王五家典得住宅一处。至民国三年（1914年）王五欲出卖房屋，李四无力购买，王五遂将房屋转卖给张三，并立有红契（民国官方盖章契约），房屋仍由李四承典。民国十三年（1924年），张三再将房屋典与李四，典期十二年，至1936年典期届满。土地改革期间，张三要求回赎房屋，遭李四拒绝。张三遂于1951年诉至某县法院。此案经一审、二审和再审，最后由最高人民法院华北分院做出终审判决：鉴于该房屋已由李四实际居住五十余年，且李四无其他房屋居住，特将该争议房屋判归李四所有，李四找补张三价款三十石玉米。至此，延续三朝的典当关系终于被强制转化为绝卖关系，房屋也因此而易主。张三对此老大的不快，其郁闷可想而知。

　　几十年后，我们反复研读着华北分院的判决，试图寻出判决的依据，以便开导一下张三的在天之灵，助其卸去胸中块垒。然而，三级法院的四次判决均未引用法律条文（这是那个时代此类判决的通例），看来依据只能另行查找了。

　　1950 年《土地改革法》规定：废除地主阶级封建剥削的土地所有制，实行农民的土地所有制；保护中农的土地及其他财产不受侵犯；富农所有之出租的小量土地，亦予保留不动。但在某些特殊地区，经省以上人民政府批准，得征收其出租土地的一部份或全部。张三既非地主，也非富农，其房屋土地自然不在没收和征收之列。1950 年中央《关于填发土地房产所有证的指示》要求：在发证前必须注意解决遗留问题及群众间土地房产纠纷问题。1952 年最高人民法院、财政部、司法部联合发文《为同意西南财政部规定的房地产典期届满后超逾 10 年未经回赎得申请产权登记的意见的联合通知》：凡典当房产契约，期满后逾期 10 年以上不回赎者，出典人及其继承人不知下落者，可由承典人或承典人的继承人所在当地的区、乡人民政府出具证明，连同原典当契约，向当地司法机关申请产权登记。因张三 1951 年请求回赎时已达 15 年，超过 10 年回赎期，依土改政策他已不能回赎。这样的理由足以说服当年的张三，但令人费解的是，当年华北分院的判决为什么不以此为理由呢？

　　列宁说，忘记过去就意味着背叛。看来，我们还得回到新中国历史的起点。在那个新旧政权转换、新旧制度更替的非常时期，1950 年开始的土改虽名为改革，实为革命，是革命就会有牺牲（毛泽东语）。张三作为中农以下成分的群众，虽然在那时属于革命的团结力量，但为了革命目标的实现（耕者为其田，居者有其屋），牺牲一点个人利益不仅应该，而且值得，有

法苑见闻

时更是形势所必须。这就犹如一个战士,为了国家和民族利益,有时必须战死疆场,马革裹尸。虽然这不是今天的司法所应该遵循的理念,但却是那个时代的司法所独有的鲜明特色(革命性)。

或许,最高法院华北分院的法官们还有更深层次的法理思考,即当生存权与财产权发生冲突时,司法应作怎样的取舍。此案中,虽然双方争议的标的是房屋与宅基,但对于原告张三来说,这仅仅是一项财产权;而对于被告李四来说,那可是性命攸关的生存权。华北分院的法官们在那个特殊历史时期的特殊困境下,坚定地维护了李四的生存权,并同时适当地保护了张三的财产权,为今天的我们留下了深深的思考。

作为司法晚辈,我们在历史的游走与理念的思辨中,似乎理解了前辈法官当年那个判决的深刻内涵,也益发充实了说服张三的理由。

啼笑皆非的诉讼

2005 年春天，杨柳新绿，百花待放，无限生机与希望曼妙登场。

老村民张三，清晨起床，看看天气不错。于是，他怀揣诉状，径直来到某县法院，状告该县体育局，要求被告返还无偿占用的三亩土地；如不能返还土地则要求作价补偿。他同时提交的唯一证据是：其父于民国年间购买该宗土地的红契（经民国官方盖章认可的土地买卖契约）。

县法院经审理认为，民国年间的契约早已失去法律效力，不足为证，其请求缺乏必要的事实根据。故依法驳回了张三的诉讼请求。张三不服，上诉于二审法院。二审法院以同样理由维持了县法院判决。但张三并未就此罢休，长达三年的上访告状从此开始，省和国家有关部门都留下了他锲而不舍的上访足迹。张三一案也因此成为从中央到地方长期挂账的信访案件。

2008 年春天，上级发出通知，要求各地务必于 2009 年全国"两会"召开之前，平息全部信访案件。为此，市县两级党委、政

法苑见闻

府和法院的有关领导及工作人员进行了充分的研究和讨论。

争议土地原为某地主土地，该地主与张三并非同村村民。抗日战争时期，该地主变卖家产，避难他乡，张三之父正是在那个时候廉价购买了该宗土地。1950年土地改革时，该宗土地作为地主土地分配给了本村村民，张三之父也在自家村子里分得了相应土地。后经农业合作化运动，该宗土地收归集体所有。县体育局占有使用该宗土地只是近几年的事情，而且有土地划拨手续。张三上访不止的理由是：以前土地都归公了，我不争；如今又分田到户了，我就要争。

从专业角度看，这是一个无需论证的案件，张三的无理取闹显而易见。1950年以来有关土地政策是这样的：1950年土改是一场革命，当时对农村土地进行了重新分配和重新确权，民国以前的土地权证和土地契约全部作废；1956年至1958年间的农业合作化运动，除宅基地和坟地继续保留私有外，其他土地一律收归集体所有；1962年的人民公社化运动，彻底废除土地私有，所有土地一律收归集体所有。以上土地变动均为国家以革命性措施完成，而革命性措施正是民法理论中物权原始取得的依据之一。1982年开展的农村改革，其分田到户只是土地经营权的重新分配，与1950年的分田到户性质完全不同。张三所谓土地所有权主张，早于几十年前就已不复存在。

研讨的结果使与会人员彻底厘清了事情的来龙去脉和是非曲直，也认识到了法院判决的无误，但张三的上访仍在继续。市县两级领导只好联合起来做张三的工作……好在张三最终还是想通了，答应不再索地和索赔。但他同时声称，因上访造成了一定的损失，要求政府给予三万元的补偿。据说，要求也得到了满足。

　　此案或此类案件说明，司法与行政的权威正在面临挑战，法治之路依然漫漫而修远。如果说不公正的司法与行政以及腐败的官僚无法构建真正的法治，那么迁就与无权威的司法与行政也同样成就不了真正的法治。

法苑见闻

揭开诉讼的面纱

2011 年，某星级酒店老板张三起诉某居委会，请求法院判令居委会协助其办理六亩土地使用权过户手续。负责立案的工作人员发现社区群众似有非议，觉得事有蹊跷，不敢自主，逐级上报。相关领导十分重视，组织人员集思广益。

相关情况：

——1987 年，张三与某市近郊某村村委会达成协议，由其租用该村六亩土地建一酒店，年租金 7200 元、租期 20 年；酒店由张三自行投资、自主经营、自负盈亏；村委会以村办企业名义申请集体建设用地和工商营业执照。2000 年，该村居民集体农转非，原行政村改为城市社区，村委会改为居委会，村集体土地整体变性为城市国有土地。张三酒店也由村办企业改为居办企业，企业性质仍为集体。酒店所占六亩国有土地使用权以划拨方式确权在新成立的居委会名下。

——张三经营有方，酒店业务不断扩大，财富积累不断增加。优秀的业绩并没有给张三带来太多的喜悦，因为营业执照中"企业性质：集体"的字样时刻在烦扰着他。于是，他处处咨询，终有明白人告知，国家工商总局早于1987年（也就是他申办酒店的那年）即已明确规定，企业性质依实际情况而定，凡是名为集体实为个体的企业，一律据实纠正。张三迫不及待，拿上当年他与村委会的协议（该协议在申请企业用地时是不能出示的），立即申请工商变更。工商局自然是依法办事，酒店随即变更为私营企业。张三心中的一块石头终于落地了。

——然而，人心无举蛇吞象，酒店虽明确为张三私有，但六亩国有土地使用权仍在居委会名下，这又引起了张三老大的郁闷。于是，他又与居委会达成了国有土地使用权过户协议。消息传开，辖区居民群情激愤，联名上告。土地管理部门到底是出于怎样的考虑，我们不得而知，但张三关于土地过户的愿望未能实现。张三心有不甘，诉讼由此而起。

研讨会上，大家七嘴八舌，各抒己见。

回望二十世纪八九十年代，一大批名为集体实为个体的企业如雨后春笋，遍布整个乡村，他们假托村办企业之名，顺利获取了集体建设用地，而后借助政策之便，又轻而易举地将所谓集体企业变性为个体或私营企业。建设用地使用权不管确权在谁的名下，但实际使用权已客观上归于私人。张三之辈不满足于实际占用，更希望名实相符（变更登记）。然而，土地作为集体财产，关系到集体组织每一个成员的切身利益，其权益岂能由个人独享？况且就张三酒店所占土地来说，其20年的

法苑见闻

租金也只有 144000 元，而眼下该宗土地已升值为每亩 200 余万元。张三想要过户到自己名下，不问法律已知不可。

当然，从法律角度讲，此案本质上属于国有划拨土地使用权转让问题，根据国务院 1990 年的规定，此类土地转让在程序上需经政府批准，实体上需要转让方缴足土地出让金。而这属于行政执法问题，而非民事司法问题。张三之所以要通过诉讼确认转移，无非是要绕过行政执法这一关。

诉讼的面纱被揭开了，法院当然不能支持其请求，故决定对此案不予受理。但据说张三一直没有死心。

伪命题引发的司法困境

2014 年，某县法院对以张三为原告的五起民事案件同时做出判决，宣告张三与被告甲、乙、丙、丁、戊之间的房屋买卖关系无效，判令双方互相返还房屋和价款。判决生效后，五被告仍然不服，四处上访。上级领导认为此乃涉法信访，严令法院做好息诉罢访工作。法院为此压力山大。无奈之下，继续复查。

张三乃是该县城郊某农村村民，2012 年他整体买下本村破产企业 15 间房屋和集体建设用地；然后他又划整为零，分割转让给非本村村民甲、乙、丙、丁、戊（均为城镇居民），价款和房地即时交付，房屋和土地的转移登记同时完成，甲、乙、丙、丁、戊分别获得重新确权，取得了房屋和土地权证。张三从中大捞了一把。2014 年，该村面临拆迁改造，更大的利益诱惑导致本次诉讼。

复查后的一种意见认为，根据最高法院 2002 年《关于审

法苑见闻

理企业破产案件若干问题的规定》："……未办理土地征用手续的集体所有土地使用权，应当在该集体范围内转让。"此系列案件中的五名被告，非本村村民，故依法不能受让该村房地。认为法院判决合法无误。另一种意见认为，法院对这五起案件的判决，适用法律错误。因为最高法院司法解释限制的是村办企业破产后的土地转让，而没有限制房屋转让；尽管房屋转让时涉及土地转移，但两种转让不能混为一谈。第三种意见认为，既然房地主管部门已经转移登记，并重新确权，那法院就不能作为民事案件受理。

其实，此类案件既涉及法律适用问题，更涉及司法与行政的关系问题，即民事诉讼理论中的主管与管辖问题。人民法院之所以受理了这几起案件，就是在主管问题上存在模糊认识。据说行政确权部门有"先民事后行政"的说法，意思是只要法院判决买卖无效，行政部门就撤销确权和发证。然而，行政主管部门对房屋和土地的转移登记和重新确权属于具体的行政执法行为，人民法院对民事纠纷的处理属于具体的民事司法行为。虽然两种行为性质不同，但行为依据均源于同一法律，行政与司法在各自职责范围内依法行使自己的权力，不存在谁先谁后的问题。对于无效的转让，确权部门依法将不能转移登记和重新确权，完全不需要司法部门的先行审判；而行政主管部门一旦进行了转移登记和重新确权，非经法定程序不能撤销。所谓法定程序是指行政复议程序和行政诉讼程序，而不是指民事诉讼程序，因为法律从未授予民事诉讼程序对行政执法行为的司法审查权。

可见，"先民事后行政"的说法乃是一伪命题也。而类似的伪命题又经常使我们的民事司法陷于进退两难的困境。

法苑见闻

违法的行为无权益

2004 年，某村民委员会与外地人张三订立了五亩土地采砂协议，约定张三采砂六个月，村委会收取酬金八万元，首付四万元，剩余四万元于采砂期满即时支付。但张三并未按约定履行，期满后一走了之。村委会和全体村民无不义愤填膺，一纸诉状告到某县法院，要求张三立即给付下欠的四万元，并声称如果权益得不到保护，村民们将集体上访。

县法院不敢怠慢，立即审查立案。案子分到民事审判第一庭，办案法官经审理查明，张三采砂未经土地管理部门批准，违背了《土地管理法》的禁止性规定，并据此认为双方所订采砂协议无效。根据民法理论和民法规定，无效的协议要依法解除，已经履行的部分应作"互相返还"的处理。

消息传开，该村村民群情激愤，村委会根据民意诉称，自己应得八万元，现只得到四万元，如果再让他们退出四万元，村民集体上访将难以避免。面对此情此景，可怜的法官们如同捧着一块烫手的山芋，拿也不行，放也不是，真是难死猴哥了！

其实，这是一起严重的土地违法案件，而违法的行为不可能构建合法有效的民事关系，当然更不存在所谓的民事权益。当事人以民事争议相告，显然不能成立。

此案最终移送土地管理部门。

伟大的启示

新中国成立后，随着土地革命的完成，轰轰烈烈的农业合作化运动又在全国展开。到 1958 年，农业合作化运动基本完成，实现了中国历史上最为彻底的经济制度变革，延续了几千年的封建私有制寿终正寝，社会主义公有制初步建立。

就在农业合作化运动如火如荼地开展之际，1956 年夏秋之交，某村村民张三向某县法院递交了一份诉状，原告自然是张三，但被告却没有明确列出。

从诉状内容得知，他有一匹健马作价归入了农业生产合作社（分初级社和高级社，时值高级社阶段），该社下辖几个小队，他本人属于第一小队，而他入社的健马却被调拨到第二小队服役。憨厚的张三对此并未提出任何异议。后因社里的马厩坍塌，入社牲畜又回归原主饲养，张三也领回了自己的健马。但到了秋收季节需要畜力时，第二小队又来领取张三的健马，张三拒绝。理由是：我是第一小队社员，我饲养的牲畜应为第一小队服役。但第二小队队长还是强行拉走了马匹。张三为此诉到法院。

县法院给此案确定的案由是"入社纠纷"。这是一个空前绝后的案由，以前没有，以后也将永久消失。

县法院经审理认为，牲畜既已入社，便是集体财产，原主不再享有支配权，故裁定驳回张三起诉。而该牲畜则继续由第二小队使用。张三不服，上诉于省人民法院某专区分院。专区分院经审理认为，入社社员与合作社及其领导之间，因入社财产的调拨使用等发生纠纷，属于社政问题，应由合作社内部或有关主管部门依社章协调解决，人民法院不应作为民事案件处理。故裁定撤销县法院裁定，并指令县法院将此案移送有关部门。

专区分院的裁定，可以称得上是一份历史性的司法文书。在那个新旧制度正在发生根本性交替的特殊历史时期，人才馈乏、文化凋蔽、百废待兴，甭说当代诉讼法学的基本理论尚未建立，恐怕连当代司法的起码常识都没有普及呢；但我们的司法前辈们，却凭着他们朴素的理解和工作的直觉，敏锐地意识到了司法的主管与管辖问题，知道了司法与行政的联系与区别。那就是，司法不是革命（合作化运动是社会主义革命的一部分），革命的问题不能用司法调整；司法也不是行政，他们可以依法制约，但不能随意替代。

可见，很多高深的现代理论，其实只是人类法文化的传承。

法苑见闻

拿着不是当理说

二十世纪八九十年代，被城镇居民住房问题压得喘不过气来的地方政府和公有制企业，开始了建国以来的首次住房制度改革。先是把部分产权出售给职工个人，地方或行业房管部门颁发房屋有限产权证书，证书载明：此类房屋不许转卖。此后，各地各行业最晚于2007年停止住房实物分配，原来有限产权的房屋，由职工补齐房款后，全部转化为个人私有。

初期房改后，获得有限产权房屋的住户，有的为了进一步改善住房环境，有的为了变现投资，不顾产权证上的提示，私下交易者不在少数；到产权完全私有化时，买方多以卖方名义补足房款，有的当即过户，有的因行政管理所限只交款不过户。但此时双方均无争议，及至后来双方发生争议，都是市场惹的祸（房价疯涨让贪占小便宜的卖方吃了大亏）。

2005年以后，某市房屋价格也和全国一样，连年攀升，至2010年，已由2004年的每平米2000元飙升至每平米5000元，那些不顾一切私下转卖了房屋的人们，真是悔得肠子发青，一大批主张"买卖关系无效"的诉讼涌入法院，张三诉李四一案便是其中一例。

张三，某国企职工，1994 年以标准价购得单位有限产权房屋一套。2003 年，他为改善居住环境，以市场价格 80000 元将房屋私下转卖给李四，并在较好位置购得宽敞明亮的商品房一套，实现了以旧换新的目的。2007 年，该国企全面启动住房分配货币化改革，李四以张三名义补足了全部房款，房屋产权彻底私有，但房屋权属仍登记在张三名下。

2010 年，高昂的房价强烈诱惑着张三，他一纸诉状告到某区法院，要求法院确认他与李四之间的房屋买卖关系无效，并请求法院判决双方互相返还。其理由是："我卖房时只有部分产权，按产权证上的明示和规定，我无权转卖房屋。"这是一个听起来都让人别扭的理由，明知不可为而为之，其性质不是违规就是越权，起码也要算不诚信行为，理应受到法律制裁；如今又以此为据，作为主张权利的理由，真是出尔反尔，拿着不是当理说。这在中国古代可值五十大板（此乃笑话，人民司法不兴这个）。

对于此类案件，各地法院多有受理，但处理结果各异。大体有四种情况：一是认定买卖关系有效，二是认定买卖关系无效，三是不予受理或驳回起诉，四是调解。至于处理的依据和理由，更是五花八门，莫衷一是。不论哪种处理，除调解结案的以外，则必有一方因不满而闹访缠诉。某地法院首创利益平

法苑见闻

衡原则，对房屋升值部分按比例分割，双方当事人虽然大部分都比较满意，但实际上却没有什么法律上的依据。

全国各地法院这种同案不同判的情形，显然是一种司法乱象，但这却不能完全归咎于我们的基层法院和基层法官。因为在改革过程中，总有超越成法的新情况、新问题出现，而很多时候我们的司法却不能因法无明文拒绝裁判。

被迫曲解的公平原则

2000年，某城中村集体组织成员张三，将自己原有的一处民居（包括宅基地共300平米），转让给了城市居民李四。双方知道无法过户，只好私下订立协议，价款60000元，并当即交付，房款两清。

十年后的2010年，该城中村整体开发，300平米回迁面积价值150万元。在巨大利益面前，一切诚信、道德、脸面统统抛到九霄云外。先是李四以房屋买卖协议为依据，要求与开发商签订拆迁补偿协议；之后是张三以房屋和宅基地依然登记在自己名下为由，同样要求与开发商签订拆迁补偿协议。尖锐的矛盾不言而喻。官司最终打到法院，张三主张买卖无效，李四主张买卖有效。类似纠纷，不仅本地存在，全省乃至全国各地都有相同或相似案例。

纠纷源于管理失控。在城镇居民住房改革已经到位的情况下，国家对农村集体土地上的住宅仍然实行严格管理，限制上市，这类似于当年的价格双轨制。双轨制必然导致市场的畸形发展，黑市交易在所难免，张三与李四的房屋买卖即属此类。依照法律规定，黑市应当取缔，执法主体为行政主管部门；黑市交易应得到制止甚至受到制裁，执法主体依然是行政主管部门。但实际情况确实没有管住。法院就像国外的"不管部"，那些因管理失控出现的纠纷，一旦被推到法院，就再也没有办法推出去了（悲哀）。

对此类案件的审判，表面看来非常简单：认定双方买卖关系无效，判决互相返还，一方所受的损失由过错方承担，双方均有过错的，分担损失（以上均为法律规定）。但实际情况远非如此，单是损失的计算就是个大大的难题，其中包括损失范围的界定和损失数额的确定。总之一句话，如果解除双方的买卖关系，损失算少了买方不干；算多了卖方不干，而且均以上访相要挟。这真有点像老戏台词所说，原告被告都有理，就是老爷没理。而对于法院来说，社会稳定和控制信访的责任就像达摩克里斯之剑，始终高悬在法官的头上。被憋出犄角的法官们，无奈之下搬出了民法上的公平原则，云山雾罩地展开了形式多样的利益平衡。

其实，公平原则作为市场经济条件下的产物，其本质是说，以国家认可的各类市场交易规则为准则，保证市场主体地位平等、机会均等、取消特权、做到权利义务相一致。像张三和李四这种故意违规、均有过错的黑市交易行为，与民法上的公平原则压根就沾不上边。但是我们的法院和法官，面对强大的压力，也只好按貌似沾边的原则来处理了。

与其不认可又管不住，不如认可而管住。我们期待着改革的深入，期待着黑市变白市，彻底改变现实生活与法律制度之间的背离状态。

赢了官司输了钱

2013 年，互联网早已进入了千家万户，它不仅是知识、信息和游戏的平台，而且已逐步成为各色人等的情绪发泄平台。不论老弱妇孺，皆可于互联网上云山雾罩，而完全不用承担任何义务与责任。

就在这一年，网上疯传着一个载歌载舞的独角视频，其主人公面色灰暗，精疲力竭，目光呆滞，间或一轮，我们化其名为张三女。其歌词内容十分丰富，涉及司法、行政、教育、医疗、保险等多个行业和单位；其歌词大意是说，她因自身事务求助于上述单位时，均受到了不公平待遇，其正义之请求无法得到申张，她也因此不得不走上了漫长而艰辛的上访之路。

对于这样的视频，网民各有评说，对相关部门和单位褒贬不一，就像鲁迅先生描述的人们对于《红楼梦》的看法一样："经学家看见《易》、道学家看见淫，才子看见缠绵，革命家看到排满，流言家看见宫闱秘事……"一位心理学专家从学术的角度说，"长期上访的老户往往具有偏执型人格特征"，结果被误读为"上访老户都是精神病人"，遭到上访人员的围攻。对于法院来讲，什么都不能说，只能认真了解和妥善处置信访人员所反映的司法问题。

2003年，某房地产开发商因房屋建设手续不全无法销售，而此时他在银行的贷款业已到期，无奈之下只好将小区房产折抵给银行。银行需要变现，于是低价销售，其中张三女购得百平米房屋一套。时隔不久，张三女发现房屋确权无望，于是向法院起诉，以房屋不能办理确权登记为由，主张双方买卖关系无效，请求法院判决退房还款。法院经审理认为，张三女所诉属实，理由成立，故判决支持了张三女的诉讼请求。

然而，天有不测风云，人有旦夕祸福；塞翁得马，安知非祸？两年以后，银行低价销售的这批房屋不但全部办理了确权手续，而且由于房价的大幅飙升，百平米房屋净增值30余万元。张三女真是悔不当初。于是，她一纸申请投到法院，要求对原判结果进行再审，并予以改判。法院经审查认为，其申诉无理，依法驳回。张三女的十年上访也从此开始。信访接待中，有如下几句对话。

问：你原来的官司到底是赢了，还是输了？

答：他们都说我赢了。

问：那你为什么还要上访？

答：我赔钱了（其实是没有赚到钱）。

问：当初是你自己要求退房的，这又能怪谁呢？

答：他们当初卖给我房屋时，如果能及时办理确权手续，我就不会主张买卖关系无效并要求退房，也不会在经济上吃这么大的亏。所以，这只能怪银行。

对于张三女的申诉理由和主张，我们只能借用某市一位资深律师常说的一句辩护词作答——这是不值得一驳的。但我们在对张三女报以无奈和嘲笑的同时，似乎还应该有些许的同情。

小区不是保险柜

保险柜逻辑，是一部分案件当事人的诉讼逻辑。其基本含义是：国家是个保险柜，国家工作人员是管理员；集体组织是个保险柜，集体组织工作人员是管理员；居民小区是个保险柜，物业公司是管理员。保险柜里的人员物品毁损丢失，一律应由作为管理人的国家、集体组织、物业公司负责。别以为这是笑话，这确实是相当一部分人诉讼的思想根源。

2003年，国家房改已大见成效，城市住宅小区鳞次栉比。是小区就要有物业，有物业就必有纠纷。新的事物呼唤着新的规范。同年5月，国务院出台《物业管理条例》，其中规定：小区应成立业主委员会，业主委员会应与物业公司订立书面服务合同，物业公司未履行合同约定，导致业主人身或财产安全受到损害的，应当依法承担相应的法律责任。此后，小区居民因失窃、碰伤、殴斗等造成损失，而将物业公司告上法庭的情况时有发生，而绝大多数法院都在一定程度上支持了业主的请求。理由是，物业公司未尽到安全保障义务。

法苑见闻

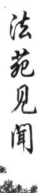

就在国务院《条例》生效后不久，某城内小区居民张三，家中被盗，自称丢失现金5000元。他在向公安机关报案的同时，也将物业公司告上法庭，请求赔偿，理由也和全国其他城市小区业主一样。此案的情况是，张三所在小区没有成立业主委员会，更不可能签订物业服务合同，所谓物业公司未尽到安全保障义务纯属子虚乌有。退一步讲，预防犯罪和维护治安乃国家职能部门责任，而非物业公司义务，即使有物业服务合同在，物业公司也不可能将预防和打击犯罪的责任揽在自己名下（客观上他们也负不起这个责任）。但是，原告张三仍然态度坚决，并以多起外地法院判例作为主张权利的依据。

张三的诉讼主张和理由，恰似上世纪七十年代的一桩旧事：某妇人甲，夜间被人强奸。第二天她找到生产队长，要求集体组织给予赔偿。理由是：你生产队派有巡更员（俗称看青的或看秋的，是夜间看护集体财产和庄稼的人员），而他们并没有看管住流氓分子。队长听后，不无激动地说："我派的巡更员是看护集体农田的，你那巴掌大的地方还需要队里负责吗？"看来，保险柜逻辑并不始于今日。

故事当不了实际，案子结不出去那可是天大的压力。对于此案来说，支持原告主张于法无据，驳回原告请求怕引起上访，只能双方调解。

非常时期的非常裁判

　　作为当代法官，我们必须承认，司法前辈比我们更幸运。比如在建国初期，虽然那时新的法律体系尚未建立，但却置身于较为良好的司法环境，那里有着被先秦法家集大成者韩非子先生称之为"势"的东西。

　　有这样一个案件，原告张三，乃是某村村民，曾长期在天津经商做买卖。1946年冬季人民解放战争时期，他的家乡某县人民武装委员会向他购买硫磺若干，折合小米10000斤，当即责成张三家乡所在村（公所）在上缴公粮中拨付。该村村长先是筹措公粮8000斤拨付给张三，后又筹措800斤，却遭国民党顽军抢劫。1948年，张三弃商参加中国人民解放军，其家乡的村长也于1949年去世，收缴和出纳公粮账目亦随之丢失。1956年，张三起诉该村，要求村里继续偿还尾欠小米1200斤（张三知道那800斤小米被抢，故不再追讨）。

　　此案经两级法院审理，一致意见是驳回张三的请求。理由是：此债务系远年老债，当时的经手人（村长）死亡，账目丢失，该

法苑见闻

1200斤尾欠小米是否已向农户收齐不清，各家是否缴纳不清，是否已经拨付不清，故无法认定债务关系是否继续存在。

这是一个在司法上不能自圆其说的理由，作为被告的某村，因经手人（村长）死亡和账目丢失，是导致"三不清"的直接原因，责任在某村而不在张三，用今天的证据制度加以考量，败诉的应该是某村，而不应该是原告张三。但历史就是历史，1956年新中国的农业合作化运动尚未彻底结束，包括此案被告某村（公所）在内的很多乡村，公有制经济尚未建立，当然更谈不到集体财产，所谓村里还债，其实就是村民还债，即以公粮收缴的形式摊派到各家各户。而在"三不清"的情况下，再向村民收缴已不可能，而新的公粮收缴要如数上缴国家，丝毫动用不得。看来张三的委屈在所难免。

其实，此案的根本错误，在于我们当年的司法前辈没有将这笔债务作为地方政府债务，而是根据当年人民武装委员会的决定（在公粮中拨付的命令），认为这笔债务已经转移到某村。根据当代法律规定，债务转移只能基于当事人合意，任何人不得强迫转移。但遗憾的是，当初我国的民事法律体系尚未建立，司法人员在无法可依的情况下，只能将人民武装委员会的决定作为司法依据。一个真正意义上的债务人，反倒成了规则的制定者，而且司法还要依该规则审判，实在是不可思议。

但是，历史的真实告诉我们，作为非常时期的司法前辈，他们做梦都不会想到去引导当事人状告政府，因为那有可能导致张三和司法人员同时犯下那个时代的政治错误，而且这种错误的代价是巨大的。这就是那个时代的大势。从这个角度讲，法院对张三一案的错判，实在是基层司法人员唯一正确的选择。

今天的我们，尽可以对张三深表同情，但却不能为那个时代而悲哀，更不能对当时的司法前辈横加指责。因为司法是和平时期的产物，在特殊的革命时期，不可能存在真正意义上的司法。

法苑见闻

法律不能承受之"众"

　　人的劣根性，有时并不直接表现为对于国家法律的公然违犯，而是罔顾道德地去钻法律的空子，明明侵害了他人，但却振振有词，给人以歪理邪说的感觉。

　　1987 年《中华人民共和国民法通则》颁布实施后不久，某法院民事审判历史上迎来了第一起肖像侵权案件。张三（女）与李四（男）正值青春年少，由同学至恋爱，你情我愿，如胶似漆，干柴烈火，难以自拔。张三父母念及双方尚在就读中学，极力反对。听话的张三提出分手，但李四却是个天生的情种，竟然因悲伤而自杀了。

　　在李四的葬礼上，张三和李四的照片双双封装于骨灰盒上，意欲同时下葬。这无疑是李四父母为缓解丧子之痛而采取的极端自私举动。张三闻此，受到强烈刺激，导致严重心理障碍。在此后的纠纷诉讼中，张三以李四父母侵害其肖像权为由，请求法院判令李四父母停止侵害，并赔偿各项损失 20000元。李四父母辩称："根据《民法通则》规定，未经本人同意，不得以营利为目的使用他人肖像。而我们对张三肖像的使用并不是以营利为目的，故应在允许使用之列，当然也不应承担赔偿责任。"

李四父母的侵权显而易见，但法律规定确有疏漏。李四父母缺德不违法的抗辩，尤其给司法带来了困难。支持原告，缺乏依据；驳回原告，不近情理。而在普通民众看来，此案非常简单，其应对之策颇具智慧。据报载，在一个公共场所，一名游人随地乱扔垃圾。环卫工上前劝阻说："请您不要乱扔垃圾。"游人说："如果我不扔垃圾，你就失业了。"环卫工说："火葬场的工人正闲着呐，您怎么不去照顾一下他们的生意？"游人因此无语。然而，面对法律的先天缺陷和当事人的歪理学说，司法却不敢有普通民众的幽默与潇洒，因为司法者不能类推适用普通民众的逻辑（道德反制）。

法院最终支持了张三的诉求，判决李四父母停止侵害，赔偿损失。理由是：虽然法律只规定"未经本人同意，不得以营利为目的使用他人肖像"，但以犯罪为目的或以满足个人私欲为目的任何擅自使用行为也应在禁止之列。至于这样的理由在学术上应归类为法律适用中的法官释法，还是归类为法官造法，只能留给当代法学家们去研究；法官则在很多时候无暇顾及什么理论，而要以相当大的精力对当事人可能的缠诉和闹访做出预案。这实在是道德缺失下的法治悲哀。

借用美国学者苏姗·鲍尔多《不能承受之重》的书名句式，让我们为立法者作个开脱，法律确实存在着不能承受之"众"。在

法苑见闻

复杂多变的客观情况下，妄想立法者对现实与未来一切活动无限周严地做出预测，简直是痴人说梦。没有德治做基础，没有司法作权变，法治终难前行。

换个说法你能赢

2008 年底，忙碌了一年的信访接待人员终于可以松上一口气，伸一伸酸软的懒腰了。

窗外，硕大的雪花散漫而悠闲地飘落着……

急促的敲门声打破了暂时的宁静，一个浑身挂白（是雪不是孝）的中年农民闯进了信访办公室。

"这里有说理的吗？"来人匆匆地问。

"您是……"接待人员疑惑地打量着来人。

"噢，我叫张玉门（情景剧人物名），是来告状的。小时候大伙都叫我'郁闷'，这回还真让我碰上郁闷的事了。"

原来，张玉门于三年前为了小生意向同乡无赖借款 10000 元，口头约定借款期限二年，年利率 20%。两年期满，他连本带利如数还给了同乡无赖。不料，事过一年以后，同乡无赖又将他告上法庭，继续索要借款。法院根据双方陈述，认定此笔借款尚未偿还，判决张玉门偿还借款本息，只是在利息计算上作了调整。

法苑见闻

身为法官的信访接待人员一看判决便知其理，于是说道："你们双方借款还款肯定都没有书面手续，也没有第三人知情。"张玉门点头如啄米："对对，你们怎么跟看见一样？看来，我真是找对地方找对人了！"

"还有，开庭时你已承认借款之事。"

"这是事实，咱能不承认吗？"

"而你辩称借款已还的时候，原告却拒不承认。"

"这个缺德带冒烟的，他要承认哪还有官司啊！"

"你听说他还坑害过别人吗？"

"听说还坑过几个外乡人，同乡就我一个。"

"好了，玉门同志，您先不要着急，听我们慢慢说。"接待人员边给他倒水边说："您这个案子要放在中国古代，兴许还有胜诉的可能，现如今您是输定了。"张玉门满脸茫然："这实话实说的，官司赢不了；他明显讹人，法院倒判他赢了。你们当法官的也太是非不分了！"

接待人员半开玩笑半当真事地说："今天的法官不是古代的包公，他们没有深入阴间查看生死簿的本事，所以你们双方到底谁是谁非，他当法官的哪能说得清啊！不过，今天的法官，却是严格按照司法程序，依据法律规定对案件事实做出的认定，并在此基础上做出的判决。"之后，接待人员以张玉门被诉案为例，详细解释了案件的待证事实和证明标准，以及举证责任分配和举证责任转换等一系列法律规定，但张玉门同志仍坠五里雾中。

"那你们说，我还有什么办法打赢这场官司？"张玉门再也无心倾听天书宣讲。

　　"当初有办法，现在没办法了。如果当初您矢口否认借款事实，原告则会因缺乏证据而败诉。现如今开庭笔录上白纸黑字写得清楚，您承认借人家钱是事实，您说钱已偿还却无证据，人家又不承认，你怎么可能胜诉呢？"

　　"这不是在教给人们撒谎说瞎话吗？现在当官的怎么都这样呢？"

　　"这是在引导人们规范作为，并引导人们树立程序和证据意识。"

　　望着张玉门远去的背影，接待人员突然见景生情：古人不见今时雪，今雪岂能照古人。但愿"郁闷"同志能在天地一笼统中有所醒悟。

法苑见闻

被告举证原告赢

随风飘落的现代法雨，打不湿住在古屋的人群。

张三与李四相识多年，亲如至交。2004 年，张三搞商品批发，李四做小贩零售，双方先后交易三十余笔。交易方式是，李四随时提货，但并不即时付款，而是有钱时便支付一笔。双方基于讲义气、好面子的传统文化心理，提货和付款均由双方自行记载，互不签字，只是口头约定年底结算。

匪夷所思的交易，难逃悲催的命运。

2004 年年底，张三根据自己的交易记录，算出李四尚欠货款 27000 元。他邀李四前来结账，结果发现张三所记提货和付款总数均高于李四所记，经仔细核对，只差一笔（实属不易）。但事有蹊跷，不论以谁的记载结算，却总能算出李四欠张三货款 27000 元的结果。李四对此拒不认账，终致对簿公堂。

面对略有差异的双方记载，明白人一看便知，此乃李四自己分别少记一次提货和一次付款之故。但审案法官无需作这样的推论，他只需按照当代司法的证据制度，直接以被告李四提交的交易记录为依据，对欠款事实加以认定即可。法院最终判决张三胜诉。

案子就这样审结了，当然也判对了。但李四却始终不明白，为什么自己提供的证据没有让自己胜诉，反倒证赢了原告。

的确，如果诉讼之初，被告李四拒不承认原告张三诉称的交易习惯及其交易记录，而且也不提供自己的交易记录，那么最终胜诉的只能是被告。这种同案不同判的结果，不是司法不公，亦非法官无能，而是制度设计与当事人自己的行为使然。

二千多年前孟子曾经说过，徒善不足以为政，徒法不能以自行。如果国家制定的行为规范和诉讼制度，不能成为人们的自觉行动，那么交易秩序依然混乱，诉讼结果依然难料。

法苑见闻

一起惊天小案

二十世纪九十年代某年某月某日，中国某大报刊登一篇记者署名文章，题目是《有公元前871年古画吗？》。该文章从中国绘画史、公主一词的由来，以及中国古代造纸术发明时间等多个角度，历数某市两级法院一审判决书中多处常识性错误，并据此得出此案为错案的结论。该报道立即引起上级领导重视，责成两级法院认真复查此案，并将复查处理结果逐级上报。

案件源于一幅古画的借阅纠纷。

被告李四曾向原告张三借阅古画一幅，具体借阅时间双方均凭回忆陈述，但说法并不完全一致。此画在若干年间，始终未还。到1993年，原告让被告补写借条一张，内容是：前些年借张大爷（原告）古画一幅，至今未还。被告同时在该借条中对古画图案和古画表达的思想内容分别作了描述，提到了"公元前871年""周穆王与西王母""萧史弄玉乘龙凤升天"等历史时间、历史人物和民间传说。借条最后称该古画价值连城，虽万两黄金不能买得。一审开庭时，原告诉称此画为春夏秋三宫女图，被告辩称画面是三位女性。其他信息如绘画作者、绘画年代，原被告均无法说清。该画目前下落不明。

某县法院根据原被告陈述及借条记载，认定被告向原告借得公元前871年春夏秋三宫女图一幅，至今未还，原告依法享有追索权。鉴于被告明确表示无法归还此画，故判决被告先行给付原告保证金30000元，待被告归还此画后，原告再返还被告保证金。宣判后，被告李四不服，以标的物根本不存在，借阅关系不成立为由，提出上诉。

二审法院经审理认为，根据当事人陈述及借条证实，此案可认定的事实是：标的物乃是关于古代女性的绘画，被告曾于多年前借阅，至今未还。由于此画作者不知，年代不详，其价值无法评估，一审以保证金形式令被告承担民事责任，虽律无明文，但符合民法上的公平原则。所以，二审法院最终驳回了被告上诉，维持原判。

此案经再次复查认为：①借条中所写"公元前871年、周穆王与西王母、萧史弄玉乘龙凤升天"等历史事件、历史人物和民间传说，均为借阅人李四的个人认知与理解，并非古画中的文字记载和说明。原一审判决受了借条中对古代历史混乱描述的影响，认定此画中标有"公元前871年"字样，明显有误。但对借画事实的认定，一审并无不当。②因该画目前下落不明，现有信息又不能鉴定评估，一审以保证金形式令被告承担责任，虽无具文可依，但符合公平原则。③二审判决在事实认定方面，纠

法苑见闻

正了一审失误，并在此基础上维持原判，亦为妥当。复查结果和意见逐级上报后，得到了上级法院的认可，报社也在其本报适当位置作了说明。

一起惊天小案就此了结，而该案判决创设的"保证金"责任形式，也为后续立法提供了参考。在侵害物权的赔偿方式中，新的立法在"返还原物、作价赔偿"责任形式外，增加了"（权利人）也可以请求（义务人）承担其他民事责任"的规定。

认错可以少赔钱

中国熟人社会的传统和文化，是在长期依地而居的农耕生活中自然形成的，很多纠纷的缘起乃至纠纷的解决，都带有熟人社会的特点。

张三和李四，系同村村民，东西相邻，两家共同使用一条通道，且该通道为哑道。张三位于通道里端，李四位于通道外侧，张三家的雨后排水也必须流经此道。1995年雨季，李四为了出行方便，将自家门前道路垫高，导致张三家排水不畅，双方为此发生纠纷，从口舌之争到拳脚相加，终致张三被伤，花去医疗费800元。张三为此诉至法院，一审法院经审理认为，李四致伤张三，事实清楚；张三费用支出，有证可查。故判决李四赔偿张三医疗费用800元。李四不服，提出上诉。

根据当时民事诉讼法规定，二审法官携卷下乡，来到案发之地，对双方当事人调查询问。案件事实一如原审所查，争议不大。经济方面，张三精明能干，率先走上农商结合之路，家庭收入早已跨过"万元户"的门槛；李四则老实平庸，还在一

法苑见闻

亩三分地上土里刨食，温饱问题刚刚解决。

面对此情此景，一套戏剧性处置方案迅速在审案法官脑海中形成——他要利用中国熟人社会特有的文化和心理传统，调解解决此案。

"看你的经济条件，好像并不在意这千八百块钱的得失？"审案法官在单独和张三谈话时，略带恭维地说。

"我是不在乎这点钱，可他李四又穷又横，我就是要用这种方式惩罚惩罚他，看他还要饭的打狗穷横不？"张三愤愤地说。

"那如果让他当面向你道歉，你能原谅他吗？"

"这杀人不过头点地，如果他真心认错，并把垫高的通道撤平，不影响我家流水，钱的事儿可以商量。"

审案法官在单独和李四谈话时说："如果你想少赔钱或不赔钱，我们要做三件事。一是要当着张三的面儿，不留情面地批评你十分钟，法律上叫训诫，你不能表现出反感；二是你要答应将垫高的道路撤平，保证张三家流水通畅；三是你要当面向张三赔礼道歉。这些你能做到吗？"

李四说："800元钱对于我来说，那可是一两年的收入，我实在拿不出来，只要他在钱上让步，我什么都能做到。"

剧情在审案法官导演下，有步骤地向前推进，剧终乃是张三的一句台词："你小子就是不见棺材不落泪，不撞南墙不回头。当初你要好好的，这哪来的官司啊！"

面对他们握手言和的结局，审案法官无限感慨。

河里死人谁负责

一具尸体从一条并不宽阔的河流中捞起。

这是一个十三四岁的少年，放学回家的路上，顺便到小河游泳，因水量不济，命丧河床。其父张三闻讯，有如五雷轰顶，悲痛之情催人泪下。

掩埋好儿子的尸体，张三仍是悔恨交加，他怨天怨地怨鬼神，总觉得自己的儿子不能白死。于是，他一纸诉状投向法院，要求水务局给予赔偿。县法院起初本不想受理，但张三先后几次大闹法院和水务局。无奈之下，法院只好立案受理，并最终以水务局对河道管理不到位为由，判决水务局赔偿张三各项费用17万元，水务局不服，提起上诉。

二审主办法官面对张三的缠诉缠访压力，面对水务局的慷慨陈词，面对一审判决中那个模棱两可的理由，有如捧着一块烫手的山芋，不知如何是好（此乃事实，绝非忽悠）。

其实，这是一个无需进行法律论证的案子，因为自古以来，不论是国家的江河湖海，还是农村的砖井土坑，溺水而亡

法苑见闻

者大有人在，仅就当代有关部门的粗略统计，每年都有十余万人死于各种水域。而每当不幸发生，死者亲属无不自认倒霉。这不是因为他们不懂法，而是因为他们大多知道罪在家长（监护不利）。而古老的法谚又告诉人们：任何人不能从自己的错误行为中获益。

当然，作为具体案件的处理，二审法院和法官只依习俗和情理并不能说服如今的当事人，而需要法律的释明。简言之，如果水务局有管护公民游泳的职责而又管理不到位的话，那水务局对张三之子的死亡就负有相应责任；否则，水务局就不能承担任何责任。遗憾的是，国家立法从未赋予水务局这样的职责（当然客观上水务局也永远不会有这样的职责）。

此案最终发还重审了。

妈妈错生了我

2004 年，国务院制定的《医疗事故处理条例》已经公布实施了一年多的时间，但对于基层司法实务界来说，与医疗有关的各类纠纷，仍然属于新型案件。而在此之前几经反复仍未审结的一起医疗纠纷，颇具代表性。

原告乃是一位刚满三周岁的幼儿，诉状是以他的口气写的："某年某月某日，我还在母腹中尚未出生的时候，母亲到被告医院孕检，目的是检查我是否患有先天脊柱裂。按母亲本意，如果我发育正常，就等我出生；否则，就通过人工流产术将我提前打掉。该医院通过 B 超检查，告知我母亲胎儿发育正常。但在我出生后发现，我确实患有先天脊柱裂，属于终身一级残疾。这不仅给我母亲带来极大痛苦，也给我自身带来一生不幸。故请求法院判令该医院赔偿我各项损失 80 余万元。"

这是一份看起来可笑而想起来心酸的诉状。孕检的失误，成就了一条生命，但我们不知道对于生命的降生，到底是应该欢欣鼓舞，还是颦眉蹙额，这真是人类的悲哀与无奈。对此，笔

法苑见闻

者无意也无法尽言，但案子还是要认真对待的。

法院对此案反复未结的原因，不是有意推拖，而实在是不知道此案案由、原告主体资格以及赔偿数额到底应如何确定。这些问题在《侵权责任法》已经颁布实施的今天，估计已不成其为所谓难题；但在《医疗事故处理条例》刚刚出台不久的特殊时期，上述问题确实对审案法官多有困扰。

此案最终没有作为医疗事故赔偿纠纷，而是作为医疗服务合同纠纷进行了处理，所以原告由孩子变更为母亲。也就是说，医院在提供孕检服务过程中，未有效完成服务合同约定的义务，应以违约论。至于具体的赔偿数额，人民法院根据医院的违约程度和给付能力等因素，酌情判决医院赔偿十余万元。

案子最终就这样审结了，其判决理由和结果也终于得到了双方当事人的认可。此后，该案被作为典型案例收入了上级法院主编的案例汇编。案件的了断并不代表当事人苦痛的终结，我们的当事人乃至整个人类，仍将在无奈的旅途上艰难跋涉。

法官与当事人的智力竞赛

日本早稻田大学原校长西原春夫（著名法学家、教育家和社会活动家），在他担任该校法学部部长的 1975 年，曾对入学新生作了一次超越时空的演讲，他说："如果我们把法律当作诊断和解决纠纷的手段，那么，法律家和法律专家就是解决纷争的专家，包括法官、检察官和律师。如果我们能够掌握法律知识和法的思考方法，我们就会成为广义的法律家。而广义的法律家，就是在利益与利益发生对立和争执时，能够正确评判双方各自正确与否及其程度，而且这种判断能使当事人和周围的人接受的人，这样的人也正是社会上的足智多谋者。"

但是，我们的基层司法实务界，面对法律自身的冲突，面对纠纷的复杂多样，面对现行立法与现实生活的背离状态，当然有时也因为我们自身能力和水平的限制，常常处于尴尬的境地，显得不那么专业和足智多谋。

2005 年，民事疑难案件研讨会应时召开，一起酒后自伤的案件正在汇报：有好友八人，周末小聚，酒后散场，张三与

法苑见闻

李四结伴回家。途中，张三不慎摔倒，李四将其背着回家，昏昏睡去。第二天早晨，仍无法叫醒。于是将其送往医院，经查发现颅内受伤，救治一段时间后，医院告知家属，张三已成植物人。张三亲属见救治无望，又开支巨大，遂将喝酒同伴告上法庭，请求赔偿各种损失49万元。法院经审理，认为在责任分配和赔偿数额确定方面，需要研究。

研讨会上，大家七嘴八舌，畅所欲言，形成两种观点。一种观点认为，一个人在酒桌上喝不喝酒，喝多少酒，都是喝酒人自己决定和掌握的，与其他人无关，其酒后自伤，当然要责任自负。另一种观点认为，喝酒同伴有"提醒他人适度饮酒"的义务，如果因缺少提醒，使同伴过量饮酒，并进而导致该饮酒者受害，其他喝酒同伴理应承担一定责任，现已有外地法院判例为据。

与会人员从现行法律规定和法理角度进行了深入探讨，最终确立了倾向性意见，即同意第一种观点。理由是：①不是所有的受害结果都必然有人负责，比如法谚所说"任何人对他人行为之结果不负责任"，即此之谓也。②从法理上讲，任何民事责任的发生，都源于民事义务的不履行或义务的违犯，而所有的义务可分为两大类，一是法定义务，二是约定义务。就此案来说，"提醒他人适度饮酒"，既不是他人的法定义务，也不是饮酒者之间的约定义务，而是饮酒人自己应加以注意的事项。

会议研讨结果很快传到当事人那里，喝酒同伴如释重负，但他们从朋友之情和人道主义出发，每人自愿拿出 10000 元资助张三，张三家属表示同意，此案圆满调解解决。而张三家属于结案后的一席话，更让我们这些身居法官之位的"专家"们倒吸一口冷气。他们说："虽然在诉状中主张 49 万元赔偿，但本心是想让大家每人都拿点钱安慰安慰我们，知道大家都没什么责任。"

庆幸！我们的法官们没有比当事人更糊涂。

法苑见闻

谁为自杀者埋单

　　1995 年隆冬时节的某日上午，张三妻子突然闯进邻居李四家中，二话不说，将满瓶农药一饮而尽。正在现场为张三和李四两家调解孩子打架纠纷的村委会主任，果断停止工作，并立即调车将张三妻子送往乡镇医院。但终因药量太大，张三妻子不治身亡。

　　一起因两家小孩子打斗而引发的简单民事纠纷，如今却闹出了人命官司，村委会主任再也调解不下去了。张三一纸诉状将李四告上法庭，以人身损害赔偿为由，要求法院判令李四赔偿各项损失 10 余万元。

　　自杀现象古已有之，原因种种。但遍观世界多元文化，除对那些为了人伦大义和崇高信仰而自杀者给予同情、肯定与褒奖外，其余所有自杀行为均在被谴责被鄙视之列。孔子曰："身体发肤，受之父母，不敢毁伤，孝之始也。"在佛教经典《成实论》卷之十中，将人类之恶分为"恶、大恶、恶中恶"，其中自杀是为大恶。文化认知如此，法律自然无力救济，且将其限定在行为自治和责任自负的层面。据此，法院驳回了张三的诉讼请求。张三不服，上诉于二审法院。

二审法院主办此案的法官面对张三的满腔怒火，唯恐引爆了剑拔弩张的矛盾，小心翼翼地展开了深入细致的思想疏导工作，意图调解此案。然而，调解的结果却是，原告张三最低要价 80000 元，而被告李四却只答应支付 10000 元。巨大的差距终致调解失败。但经验丰富的法官，在整个调解过程中敏锐发现，原告张三之所以不同意做出更大让步，一是因为他不能承受人财两空之重，二是觉得要价太低有失尊严；而被告李四之所以同意支付 10000 元，一是为了免于长期纠缠，二是为了求得心安。于是，他别出心裁地做出了一个决定，说服被告李四以书面形式向法院做出承诺："无论原告张三是否同意调解，我李四均自愿支付 10000 元作为补偿。"二审法院最终以"原告张三所诉虽无理据，但因被告李四自愿给予人道主义救助，不违背法律规定"为由，改判李四补偿张三 10000 元。判后，张三再无缠访缠诉，亡妻终于入土为安。

巧妙的司法虽然平息了一触即发的矛盾，但却无法弥补可贵的生命之失。这真是司法乃至整个人类之痛。

法苑见闻

可怜与无奈

2007年，李四作为农村"盖房班"负责人，不服某县法院一审判决，向二审法院提起上诉，称自己不是雇主，只是"盖房班"的负责人，班内工人张三的伤害赔偿应由房主负责。他同时还向二审法院提交了一份1997年同类案件的判决，而该判决中与李四身份相同的那个人，确实没有担责，而是由当时的建房房主承担了"盖房班"工人受伤的全部责任。

"盖房班"工人伤害赔偿案，是改革开放后出现的新型案件。

1978年以后，非公有制经济不断发展和壮大，致使资本与劳动之间的结合日趋复杂多样，一系列新型事物和新型社会关系也应运而生，其中农村"盖房班"即为一例。以前农村建房都是主家请人帮工，而自20世纪80年代以来，农村建房一律请"盖房班"施工，竣工后由主家一次性支付事先约定的工钱。在老百姓的语境里，不论承包、承揽和雇佣，只要是花钱请人做事的情形，一律称之为"雇人"；而我们的理论界，在很长一段时间里，没有将独立承包关系和雇佣关系厘清，法律更无具文界定。所以在2003年以前，"盖房班"工人的伤害赔偿责任，在司法实践中均由房主承担。原因是："盖房班"工人自称受雇于房主，房主也承认"雇人"盖房，司法实务界在法无明辩的情况下，只能将双方关系定性为雇佣关系。这是房主可怜的时期，司法也就这样无奈地实践着。

2003年，最高人民法院制定《关于审理人身损害赔偿案件适用法律若干问题的解释》，从隶属关系、工具因素和福利待遇等各方面加以考量，明确区分了独立承包和雇佣两种法律关系。由于"盖房班"与房主之间不存在隶属关系，劳动工具由工人自备，且房主不负责工人的工资福利，故将"盖房班"定性为独立承包人，其与房主之间只能构成独立承包关系（司法解释称之为承揽关系），而不能构成雇佣关系。此后，"盖房班"工人的伤害赔偿责任，也随即转移到"盖房班"内部（房主有指令性过错的，当然还要依法承担相应责任）。

此案中的李四，乃是"盖房班"负责人，班内工人张三在建房上梁时摔成二级伤残。因损失太大，他以受雇于李四为由，起诉请求李四赔偿各项损失40万元。

二审法院经对此类案件反复研究发现，"盖房班"内部关系分为两种情况，一是雇佣关系，即"盖房班"负责人负责联系工程，商定价款和给工人发放工资，所剩利润归负责人所有；二是合伙关系，即负责人只是召集人，他既参加劳动，又

法苑见闻

不占有利润，只是和其他工人一样获取一份工钱。此案中的李四属于后者，故其内部关系应定性为合伙。这样，张三的伤害赔偿，依法应由全体合伙人以受益人身份给予补偿（此乃司法解释的明确规定）；房主因无指令性过失，故不承担任何责任。

这样的处理结果，完全符合现行法律规定，并对李四略有安慰，但对于挣钱不多的合伙工人来说，每人分担的赔偿额度仍然是个天文数字。这回轮到"盖房班"工人可怜了。而当今司法对此同样无能为力，房主承担责任的时代一去不复返了。这是制度缺陷再次带给司法的无奈。

历史的经验告诉我们，很多制度都难免先天缺陷，但有些缺陷却未必是先天的。比如此案中的"盖房班"，与正规建筑公司不同，他们在与房主商定建房工钱时，从不涉及意外事故风险的费用；而正规建筑公司在承揽工程时，意外事故风险费用是要直接计入工程预算的。对于这样的差别，我们的立法者似乎未加考虑。

现实生活是纷繁复杂的，要求立法者面面俱到，实属苛求。看来，客观上的需要已经在呼唤立法新时代的到来！

猖狂的"老赖"

"老赖"一词源自地方土语，是人们对于那些为人处世不讲诚信者的蔑称或戏称，如今它已堂而皇之地登上了司法殿堂，成为司法领域里的专门用语，意指恶意欠债不还者。

李四，男，现年六十四岁，职业农民。多年来，他靠了巧舌如簧，并乘了社会上业已存在的某些不正之风，常能以个人名义承揽一些农村集体建房或修路的工程，并自招人马组织施工。2012 年，李四承揽了某村级公路的筑路工程，为此他向甲公司定购了二十四万元的商品混凝土，按李四的说法，由于当时资金不足，货款暂欠，并打有欠条一张，约定竣工后付款。但工程竣工后，李四迟迟不予付款，甲公司多次催讨未果。2015 年，甲公司只好诉至法院。

甲公司诉称，双方购销关系明确，欠款事实清楚，要求依法判决李四给付欠款。李四则辩称，甲公司提供的混凝土存在

法苑见闻

质量问题，请求不付或少付欠款。法院经审理认为，双方交货之初已经过验收，且在竣工后一年多的时间里，李四从未提出过混凝土质量问题，现因债权人起诉，忽然提出质量问题，不但与事实不符，而且于法无据。李四所称，纯属狡辩。

作为民事案件，调解解决纠纷是法定程序，于是法官例行公事般地进行了调解。首先是被告李四的慷慨陈词："我说你原告混凝土有质量问题就有质量问题，不论法院认与不认，你原告就得认。你原告同意少要钱，我就给你一点；如果你方拒不让步，法院怎么判都无所谓，反正我不给。你申请法院强制执行，我名下没有丝毫财产；采取拘留措施，充其量也就十天半个月，出来之后我还是我，你们一分钱也拿不到。况且，我身患心脏病，法院一拘我，我就装死，到时候恐怕连法院也要吃不了兜着走。"

多么无耻而猖狂的一副嘴脸！李四不仅仅是在挑战道德底线，甚至是在挑战法律底线。但我们的司法对此无能为力。因为我们在刑法上规定的"拒不履行法院判决裁定罪"，由于缺乏公民财产公开和监管的配套制度，几乎形同虚设。由此也让我们再次看到，一些舶来的法律制度由于割裂了中国法制的历史传统，所以十分不接地气。

案件以甲公司的大幅让步和李四的得逞而告终，包括李四在内的"老赖"们仍将气豪胆壮地游走于这有法无势的时代。

2016 年，国家发改委与最高人民法院等 44 个部门联合签署《关于对失信被执行人实施联合惩戒的合作备忘录》，对"老赖"之徒有关设立金融机构、从事民商事行为、享受优惠政策、担任重要职务等方面，制定了 55 项惩戒措施，对遏制"老赖"现象漫延或将发挥积极作用。

法苑见闻

法人制度之误解

  法人制度在西方已有上千年历史，而西方世界的社会心理和配套制度，共同保证了法人的正面形象和积极作用的发挥，成为西方社会一项重要经济法律制度。

  新中国改革开放以后，为了经济发展的需要，也在立法上引进了法人制度。三十多年来，中国的法人制度在鼓励投资和扩大开放等方面发挥了一定作用，但也出现了许许多多的问题。尤其是在基层普通百姓那里，法人制度犹如天方夜谭，很多人把法人中的"法"字理解为国家之法，以为"法人"就是"公人"，是和官方或公家相连接的概念，而不知道法人在本质上是承担有限责任的经济组织。又由于我们在法人登记和法人监管方面缺乏相应的配套制度，导致一些不具有法人资格的个体和私营经济混进了法人队伍，并任由他们以法人为名，行个体经济之实，却同时享受着企业法人的有限责任待遇。

  PZ 设备安装公司，原是上世纪八十年代初挂靠在某县行政局的一个私人安装队，当时只是李四个人召集几个农民工干点小工程而已。之所以挂靠行政局，首先是因为该局管工程，其次是因为他在该局有些人脉。后因业务量增加，该安装队竟然注册为 PZ 设备安装公司，不但登记为企业法人，而且其性质定性为国有（时称国营）。国务院做出清理整顿公司决定后，PZ 公司降格定性为集体企业（其实应直接定性为私营企业），开办单位仍注明为某行政局。

由于经济形势的变化，PZ 公司越发没有市场，经营逐步陷于停滞，公司资产仅剩李四以"国有"和"集体"招牌无偿取得的二十余亩集体建设用地使用权。李四到底还是比普通百姓聪明，面对经营困境，他又在 PZ 公司所占土地上陆续成立了甲、乙、丙三个新公司，股东分别为李四夫妻和李四父子，而此时 PZ 公司的法定代表人也被李四申请变更为他的儿子李小四。此后，李四以甲、乙、丙仨公司名义累计拆借资金数百万元，至借款期限届满，仨公司资产已荡然无存（此是后话）。

2004 年，李四的儿子李小四状告县行政局，要求法院判决 PZ 公司财产归李小四家庭所有。法院经审理查明，公司注册时虽注明某局为开办单位，但该局并无任何投资，且未参与公司财务和人事管理。该公司虽名为集体企业，而实为私营经济，故判决 PZ 公司财产归李小四及其家庭所有。李小四对法院判决十分满意，因为他终于实现了自己的愿望。

2005 年，甲、乙、丙仨公司债务陆续到期，债权人因追讨未果，纷纷向法院提起诉讼。法院经审理认为，甲、乙、丙

法苑见闻

仁公司所欠债务属实，依法判决该仁公司偿还债务本息。案件很快进入执行程序。面对铁一般的欠债事实，作为父亲的李四向法院书面承诺，愿以全部家庭财产承担偿还责任。执行法院又依据2004年法院对李小四诉某行政局一案的判决结论，将PZ公司二十余亩建设用地（此时已变性为国有出让土地）拍卖后变现偿债。李小四不服，以"PZ公司与甲、乙、丙仁公司均为独立法人，PZ公司不能代为清偿甲、乙、丙仁公司债务"为由，数年缠访不止。

案件的最后处理结果姑且不论，我们所要强调的是，当司法围绕着法人制度苦苦纠缠与挣扎的时候，债权人们却始终固执地认为，不论PZ公司，还是甲、乙、丙公司，都是李四和李小四父子的，他们家的公司欠了债，就应该由他们父子偿还。制度设计与百姓认知之间的背离状态，不仅给司法带来了难题，也在客观上使某些法人有如《伊索寓言》中那只披着羊皮的狼。

哑口无言的律师

2015 年，某县法院对张三诉李四一案作了如下认定和处理：被告李四于 2012 年至 2014 年间，先后多次向张三借款，其间有借有还，后经双方对账结算，尚有 10 万元未还，李四当即给张三书写欠条一张，约定三个月内还清。被告李四虽抗辩主张欠款已经还清，但并未举证证明。一审法院据此认为，双方欠款事实清楚，证据确实充分，故依法判决李四偿还张三 10 万元欠款本息。李四不服，提起上诉，但上诉理由已不同于一审抗辩理由（可能有高人指点）。

二审法庭上，李四笨笨坎坎地宣读着律师代写的上诉状："因张三在一审诉讼中没有证据证明曾经借款给上诉人，故一审判决关于欠款事实的认定是错误的，请求二审法院查清案件事实后依法驳回张三的诉讼请求。"在接下来的法庭调查和法庭辩论中，上诉人李四几乎形同虚设，呆若木鸡，所有的事实陈述和意见表达均由律师代理。

在法庭辩论阶段，上诉人李四的代理律师首先发言："上

法苑见闻

诉人认为，被上诉人张三在一、二审诉讼中，始终以欠条为证主张欠款事实存在。但另据被上诉人张三陈述，此笔欠款是双方借款的尾欠，而张三却一直未向法庭提供借贷关系存在的证据，也就是说，没有实际付款的证据。所以，上诉人认为，一审判决关于欠款事实的认定证据不足，希望二审法院查清案件事实后依法驳回张三的诉讼请求。类似案件，全国多地法院均有所见，有相当一部分法院就是以原告证据不足为由，驳回了原告请求。现将有关法院判决递交法庭，谨供参考。"

很显然，作为当代法律人，上诉人李四的代理律师是根据当代证据制度和当代举证责任分配理论提出了上诉人的辩论意见。举证责任分配理论的核心是"谁主张谁举证"，该理论最早可以追溯到古罗马时代，距今已有3000年历史，但该理论在中国被确立为法律制度却只有短短的二三十年时间。所以中国普通民众至今对该制度不甚了了；而有些所谓的职业法律人，不知他们是真的不懂，还是另有原因，胡乱适用的情形时有发生，其中最突出的表现是无端加重债权人的举证责任。

面对上诉人李四代理律师的辩论意见，从专业和理论的角度可作如下分析和反驳：欠条是前一基础法律关系终结时的清算结果，也是新的债务合同。欠条一经形成，前一基础法律关系的权利义务即告终结。故债权人以欠条为证主张权利，已经举证到位。上诉人李四代理律师的辩论意见，其错误的本质在于，没有把欠条作为新的债务合同，而是以偷换概念的手段，将现阶段的纠纷拉回了前一基础法律关系，因而加重了债权人的举证责任。

作为普通民众的二审被上诉人张三，他不可能懂得和运用所谓的证据理论加以辩驳，但他却以浅显易懂的生活常识表达了自己的意见。

张三："俗话说，千年的文书会说话。我有欠条在，你们还如此抵赖；这要没有欠条为证，你们就更无诚信可言了。上诉人代理律师口口声声说欠条不足以证明债权债务关系的存在，那么请问律师大人，我现在就让你给我打一张 10 万元欠条，你同意吗？"

律师："我又不欠你钱，我凭什么要给你打欠条呢？"

张三："噢，你知道不欠我钱就不打欠条，那上诉人李四如果不欠我钱，他能给我打欠条吗？你以为李四比你当律师的傻吗？"

律师："这个……嘛（有点语塞）。"

这真是一场精彩的辩论。被高深理论包装起来的歪理学说，就这样轻而易举地败给了生活常识。

被自己打败的原告

如果要问，诉讼有没有技巧？答案一定是肯定的。但诉讼的技巧不是诡辩，不是巧言令色，不是以势压人，更不是胡搅蛮缠，它完全根源于对现行法律制度的深刻理解和熟练掌握。因此，我们也可以说，规则即技巧。很多当事人，正是由于缺乏理解和运用规则的能力，导致他们有理说不出，甚至在无知与无意之间加重了自身责任，因而永远也无法达到胜诉的彼岸。

张三诉李四、王五民间借贷纠纷一案，颇具代表性。其基本案情是：李四与王五系叔嫂关系，王五在银行曾申请贷记卡一张（信用卡的一种），并长期由其丈夫的兄弟（俗称小叔子）李四使用。该卡的信用额度是 80000 元，信用期限为两个月。此前，李四多次用此卡透支信用额度，期满即还。直到三年以后，由于种种原因，李四的还款能力已严重不足，王五为此十分焦虑，她要求李四无论如何要将卡上贷款按时还清。于是李四找到原告张三，双方达成了替王五贷记卡还贷的借款协议:"张三于贷记卡贷款到期日为王五贷记卡还贷80000元,而后于次日通过提前消费方式再重贷80000元偿还张三。"张三与李四之间这种基于贷记卡信用维护而发生的临时借贷,在民间俗称为"过桥"业务。该业务短则几小时,长则一两天,本无风险。此案之所以发生,是因为80000元"过桥"款项转入王五的贷记卡后,王五当即注销了贷记卡,致使张三与李四之间的约定无法继续履行,且李四本人已无还款能力。

原告张三之所以将李四和王五同时告上法庭,理由有二:①李四与王五之间系委托代理关系,即此笔借款虽名义上为李四所借,实际上却是王五委托李四借款。②李四与王五合谋,共同以欺诈手段向原告借款,故该借贷关系无效,李四与王五应共同偿还借款。但上述理由却遭到王五的断然否定,声称自己从未委托李四借款,更未与李四合谋欺诈。法院经审理查明,张三与李四之间的民间借贷协议上并无王五签字;王五也未向李四出具委托借款的授权手续;关于李四与王五合谋欺诈问题,虽不能排除合理怀疑,但却没有任何证据。法院最终判决王五不承担还款责任。

此案因原告张三上诉而被二审法院受理,上诉理由一如原审,而被上诉人王五(一审被告)依然否认合谋欺诈和委托借款。二审法院的法官们在合议时认为:上诉人张三的两个诉讼理由实为两个新的事实主张,因缺乏证据无法认定,这实在是张三自己为自己加重的举证责任,法官无权干涉。而张三与李四之间的借款协议约定的本是临时"过桥"业务,而在协议履

法苑见闻

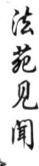

行过程中，却违约使之成为了长期借贷业务。李四在既没有能力还款也无力控制贷记卡的情况下，与原告张三达成"过桥业务"协议，显然属于虚假承诺，具有欺诈性质，依法属于可撤销合同。但张三及其代理律师却始终没有提出撤销之诉，而作为身处中立地位的法官来说，既不能向当事人明示，也不能依职权撤销。看来张三的上诉请求被依法驳回已成定局。

一个本可以胜诉的原告之所以不能赢得诉讼，其根本原因即在于他们不知道在什么情况下适用撤销制度，更不知道合同被撤销以后会产生怎样的法律后果，会给自己带来怎样有利的结果。

此案再一次有力说明，没有对法律规定和制度原理的精准把握，便没有所谓的诉讼技巧。

真作假时假亦真

　　二十世纪八十年代，中国的改革开放向纵深发展，建立市场经济体制成为改革目标。但当时的国人大多不懂市场经济的本质，以为多建集市和人人经商即为市场经济，因而出现了"十亿人民九亿商"的热闹场面。机关办企业蔚然成风，其中不乏形式上挂靠机关而实际为私营的情形。这不仅给相关单位造成了损失，也给司法带来了危机。

　　以坐落在某市城区的甲大酒店为例，它本来是个私营企业，但因大环境影响及业主因素，它在向工商管理部门申请登记时，开办单位注明的是某局，企业性质为集体，法定代表人的经理职务亦由某局任命。该酒店经营期间曾向公民个人张三借款50万元，后因酒店倒闭无法偿还。张三于是将该局告上法庭。

　　人民法院根据以上事实，并依据1987年《最高人民法院关于行政单位或企业单位开办的企业倒闭后债务由谁承担的批

法苑见闻

复》，判决该局偿还张三50万元本息。该局不服，先后向有关上级部门信访投诉，称："本局并非真正的开办单位，酒店在申办材料中所盖本局印章都是虚假的。所以，本局不应承担还款责任。"

在案件汇报会上，司法人员与某局的同志作了进一步交流。

司法人员："酒店申办材料中的盖章到底是私刻的假章还是被酒店偷盖的？"

某局同志："既不是私刻的假章，也不是酒店偷盖。我们之所以说本局不是真正的开办单位，是因为当时盖章只是为了给酒店业主帮忙，而实际上并无参与酒店开办和经营管理的意思。"

司法人员："既然酒店申办材料中的所有盖章都是真实的，那人民法院就只能认定贵局是真正的开办单位，因为法律上是将法人单位的盖章行为视为法人的意思表示的。至于法人单位盖章行为之外的意思，他人不知，法院又如何认定呢？而且也正是因为有贵局公章在，所以债权人张三才放心借钱给甲大酒店。如贵局不担责任，张三岂肯罢休？"

考虑到此案毕竟发生在特殊历史时期，最终通过调解的方式大幅减轻了该局的责任。但为他人挂起羊头，又终不能逃脱他人的狗肉之责，真乃"假"之代价也。

被忽视的"小宪法"

自从"天地玄黄、宇宙洪荒"的时代远去之后，人类非常幸运地走进了地球历史。此后，人类以其特有的劳动和思维能力创造了社会文明，产生和发展出了人类种群所独有的文化。由于社会发展的需要，文化又逐步分化为既相互区别又相互作用的两大支派，一支以思想的方式演进，包括哲学、科学及文学艺术等；一支以制度的形态发展，包括国家规范、乡规民约及各种习俗等。广博的思想体系和庞大的制度体系共同维系着人类的生存，影响着人类的走向。

司法产生于制度体系之中（当然，制度体系中并不仅仅产生了司法），以维护制度的存续和实现制度的目的为使命，它从产生的那一天起，就始终要求司法者深谙制度的本质，掌握制度的内容，厘清制度之间的关系，通晓国家和社会权力的配置和运行机制。然而，面对极其庞大和复杂的制度体系，我们的司法者却常有大海行舟的感觉，理不清头绪，分不清方向，在

法苑见闻

具体案件的处理上往往表现为无所适从。

2015 年，某县法院受理了张三（女）与村委会之间关于征地补偿费发放纠纷一案。张三诉称：我虽是女性村民，但我出嫁后户口并未迁出，经常居住地亦在本村，但村委会拒不承认我是本村村民，并拒绝向我发放征地补偿费，现特提起诉讼，请求法院判令村委会向我发放征地补偿金。村委会辩称：经本村村民大会讨论决定，考虑到很多已出嫁的女性村民户口均未迁出，且经常居住地又可自由变更，故凡是已出嫁的本村女性村民，不论其户口是否迁出，经常居住地是否变更，一律不再作为本村村民，亦不能享受本村村民的任何待遇。某县法院经审理认为，村民大会决定未顾及若干特殊情况，个别规定有失公允，故判决支持了张三的请求。村委会不服，上诉于二审法院，理由如前所述。

二审法院主办此案的法官经反复查阅卷宗，觉得双方所诉各有道理，两难之间莫衷一是。于是，他们遍查文件，但仍未找到与此案相对应的明确规定。

其实，此类纠纷早有所见，但具体案情往往各异，而任何细小的差别，都有可能导致案件出现不同的处理结果。因为这些案件既涉及国家和社会权力的配置和运行机制，更涉及法律适用问题。但问题的关键在于，如何对待村民大会制定的土地补偿费分配方案。

村民大会对土地补偿费分配方案的制定行为，不是村民妄为或独出心裁，而是基于国家法律的直接授权；方案的备案审查及纠偏纠错的权力由乡镇人民政府行使，也不是地方政府的擅权和滥权，同样是基于国家法律的直接规定。所以，村民大会制定的方案，一经乡镇政府审查备案，其效力非常之高，我们可以通俗而形象地称之为村级"小宪法"。如果村民和村委会之间因为这个"小宪法"的合法性、公正性等发生纠纷，人民法院则不能作为民事案件受理；如果当事人之间对这个"小宪法"无异议，只是为贯彻落实"小宪法"发生纠纷，人民法院一般可以作为民事案件受理。对于这些应由人民法院受理的纠纷案件，处理依据只能是作为"小宪法"的方案，人民法院无权随意加以否定或修正，当然更不能拒绝适用。人民法院之所以对此类案件难于决断，原因即在于忽视了这个村级"小宪法"。

　　不过，这话还得说回来，面对茫茫法海，谁又能保证自己不是迷航者呢。

法苑见闻

玩钱者之殇

张三，男，现年65岁，曾为基层党政机关小干部，现已退休，赋闲在家，因衣食无忧而怡然自得，精神矍铄。但当他得知自己借出去的40万元已经无法收回时，无限懊恼与悔恨立马充满整个身心，一夜之间，霜打茄子，判若两人。

事情原来是这样的：2011年，为党和国家辛勤工作了几十年的张三，终于熬到了退休年龄。他除了可以享受退休干部待遇外，还有几十年来省吃俭用积攒下来的40万元，基本生活足以保障。然而，也就是这一年，一个朋友向他通告了一个关于资本运作的信息。于是他将自己仅有的40万元存款投入了某典当公司，口头约定是借贷，但典当公司出具的手续却注明是入股资金，并保证年收益率15%，其每年的收益如果不支取，可以计入下一年度的本金。五年之间，张三分文未取，其账面资金的本息额度已达70万元。但当他预感到资金风险时，典当公司早已资不抵债，公司老板亦因涉嫌非法集资被警方控制。

类似债权债务还有很多，从已知情况看，就有以物业经营权售后返租、房地产开发、影视拍摄、黄金炒作、公司扩股、企业融资等为名的多种非法金融活动，涉及不特定民众少则几百户，多则几千户，而巨额资金大多不知所终。为此，部分民众向法院提起民事诉讼，致使法院受理的此类非正常债务纠纷自 2015 年后急剧增加，张三诉典当公司一案只是千百个类似案件之一。起初，法院并不知道这些案件的违法恶意，一些案件便随时做出了处理，待到后来发现涉及同一被告的诉讼越来越多，又加之部分民众已向公安机关举报，法院不但在客观上无法继续审理和执行，而且依法必须终止审理和执行（《最高人民法院关于审理民间借贷案件适用法律若干问题的规定》第五条：人民法院立案后，发现民间借贷行为本身涉嫌非法集资犯罪的，应当裁定驳回起诉，并将涉嫌非法集资的线索、材料移送公安或者检察机关）。

金融和税收作为调节国家宏观经济的两大杠杆，本应处于国家的严格管控之中，国务院也早于 1998 年就出台了《非法金融机构和非法金融业务活动取缔办法》，此后中国人民银行又三令五申，但非法金融活动却始终未能绝迹。对此，我们决不能仅仅归责于监管不力，一定还有普通民众盲目趋利的动力因素。所以，我们也一定要为张三之辈前赴后继养肥金融大"恶"（鳄改写为恶不是笔误）的英勇献身唱一首挽歌：

> 金钱难挣兮狗屎难吃，
> 偷鸡不成兮必有米蚀。
> 天无馅饼兮古有遗训，
> 参与非法兮天地有知。
> 后悔无药兮捶胸顿足，
> 金钱散尽兮以警来日。

法苑见闻

"资本家"争当下岗职工

　　"资本家"，这个早已被共产党领导的人民政权彻底消灭了的东西，已经淡出中国话语体系半个世纪之久，尽管改革开放以后，私人资本又已逐步登上经济舞台，且所占比重越来越大，但"资本家"一词却始终处于尘封状态。笔者于本文所用是加了引号的，意思是借用一下而已，纯粹是为了叙述的方便。

　　二十世纪九十年代，某局根据国家关于企业改制的规定，将其下属的占地 20 余亩的国有 JT 公司全资转让给了本公司原经理张三，更名为新 JT 公司。转让协议约定了转让价款和原国有 JT 公司职员安置等问题，其中规定新 JT 公司要接收部分老职工。几年后，新 JT 公司经营不善，业务活动停滞。张三将若干国企职工遣返某局，并自主决定将企业占地高价转让他人（应是法律允许），从中获取了一笔巨额资金（没办法，土地升值），成为名副其实的"资本家"。

　　2010 年，腰缠万贯而又无所事事的张三眼看到了退休年龄，于是他一纸诉状将某局告上法庭，要求法院判令该局恢复其国企职工身份，补发此前十余年的工资，并在其即将到来的退休年龄为其办理退休手续。案由被张三自定为劳动争议。

就常理而言，一项连下岗职工都知道并有能力保留的权利，何以唯张三不知？要知道，他可是当初企业改制的真正参与者和商海弄潮儿。作为曾经的国企经理和后来的"资本家"，当初放弃国企职工身份的奥秘恐怕连傻子也能猜出几分。但法律不允许猜测，而司法也自有其更加高明的分析与判断："张三所诉，并非职工与用人单位之间因履行劳动合同而发生争议，而是企业改制过程中出现的问题，所以不属于人民法院民事案件受理范围，应由有关主管部门核查处理。"

张三的起诉被法院驳回后，他先后多次闹访于各级政府和法院之间，弄得有关涉事单位久久不得安宁。法院在此案的处理上自觉无负于自身职责，当然也没有受到更多的指责与非议，法院对此尽可以自豪而欣慰。但蹊跷的诉讼往往折射着深层次问题，面对张三的无耻与无赖，我们有时难免作杞人忧天般的案外思考。比如，当今资本及其所有者是否完全不同于历史上的同类？为富不仁是不是一种客观规律和实际存在？我们的政府、国家乃至整个社会是否需要制度上的应对……

古人云：疑之今，察之古；不知来者，视之往。明代大脚夫人马皇后在给当时的首富沈万三求情时曾说："民富敌国，民自不详。不详之民，天将灾之，陛下何诛焉。"但事实上，我们即使不说所有资本都负有原罪，也必须承认资本自身很难自绝其劣根，而老天爷也常有犯懒的时候。所以后来的朱

法苑见闻

皇帝终于没有放过沈万三。共和国时代当然不能效封建帝国之故事，但马皇后之言亦卒不为训。避免一管就死、一放就乱的恶性循环，防止私人资本负面欲望的过度膨胀，恐怕还是要在管与放、扶与抑之间寻找黄金分割点，然后再加以法律上的规制，方是长久之计。

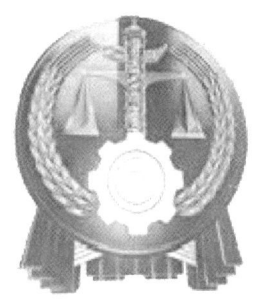

无法执行的判决

2013 年，法院对张三与其所在公司之间劳动争议一案做出如下认定和判决："原告张三于 1999 年 1 月 1 日至 2000 年 12 月 31 日在被告甲公司工作，双方虽未定立书面劳动合同，但已形成事实劳动关系。工作期间，被告除每月向原告发放 1000 元工资外，并未给原告缴纳任何社会保险费用。本院认为，用人单位为其职工缴纳社会保险费用是用人单位的法定义务，现原告张三请求被告甲公司为其补办养老保险，并由公司按其基本工资 20% 的比例承担保险费用，符合法律规定。故依照《中华人民共和国劳动法》第七十二条之规定，判决如下：被告甲公司于本判决生效后 30 日内为原告张三补办养老保险，并承担保险费用 4800 元（1000 元 × 20% × 24 个月）。

案件很快进入执行程序，但却遭到社会保险经办机构的断然拒绝，理由是：①被告甲公司属于民营企业，而民营企业目前尚未纳入我市社会保险征缴范围；②根据国务院《社会保险费征缴暂行条例》规定，纳入社会保险征缴范围的单位，如果逾期缴费，要按日百分之二加缴滞纳金，法院判决只按正常缴费比例计算应缴数额，社保机构无法办理。

法苑见闻

这样的判决，倘若出现于今日司法，似觉可悲可笑，但在十几年前《劳动法》刚刚出台的特殊时期，情有可原。因为劳资关系毕竟淡出中国社会30年，劳动争议淡出中国审判50年，当时的新老法官们实在是缺乏感性认识和实践经验。而美国实用法学奠基人霍姆斯法官就曾经有过一个著名的论断："法律的生命不是逻辑而是经验。"司法当然更不例外，尤其是在大多数司法者对国家总体制度设计缺乏法理性逻辑认知的情况下，经验就显得更加重要。

这个案件的关键在于民事司法主管范围之界定。尽管我们的教科书对此早有专章论述，但法律讲义大多是从概念到概念，且很多概念含义不清，相互之间多有重叠或矛盾，致使很多司法者在面对纷繁复杂的具体案件时，常常处于蒙圈状态。

其实，关于民事案件的主管范围，我们尽可以用排除法加以明确。①凡是不以民事行为或民事事件构建的法律关系，一律不受民法调整，其纠纷当然不属于民事司法主管范围；②有些以民事行为或民事事件构建的法律关系，国家已设立他项救济制度的，民事司法亦不能越俎代庖。因为从理论上讲，社会主体的权利救济总体上分为四种情形，即自我救济、社会救济、行政救济和司法救济，尽管当事人对这四种救济方式享有自主选择权，但各种救济主体的职责与权限却是各有其制度边界的。

认为"司法可以包打天下"的人们可以醒醒了，所谓"司法是权利救济的终极保障"的理论可以休矣。

法官为什么挨板子

不太幽默的鲁迅先生曾经幽过一默，他赞扬我们老祖宗格物致知的水平，说表现之一就是发现屁股上的肉厚就择而打之，所以用板子打屁股的刑罚便成为中国的发明。现代司法已经不兴这个了，但法官自己的屁股却常常被无形的板子拍打。这倒不是因为法官的屁股肉厚，而是因为个别法官有时自以为是地给别人"擦屁股"。

2008 年，法院受理了张三等 30 人诉劳动局行政纠纷案。张三等 30 名原告原为某系统职工。2001 年该系统改革，基层职工纷纷下岗。按当时的改革政策，单位要给这些下岗职工缴足社会保险费，其中养老保险缴费比例为职工工资的 20%。职工工资不足社会平均工资 60% 的，以社平工资 60% 为缴费基数；职工工资高于社平工资 300% 的，以社平工资 300% 为缴费基数。结果张三等 30 名职工均按社平工资 60% 为基数缴纳了养老保险费，而有些人员则以社平工资 300% 为基数缴纳了养老保险

法苑见闻

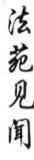

费。几年以后,这些职工先后达到退休年龄,在领取养老金时,张三等人发现待遇远低于某些同事。于是他们请求劳动局做出变更处理。

劳动局经核查认为,张三等人所反映的情况虽然属实,但此种情形乃是该系统改革时统一办理的,社会保险经办机构只能根据当初的缴费情况,按照养老金发放政策,多缴多发,少缴发少,劳动局无权做出变更处理,并以书面形式向张三等人做出说明。

张三等人不满于劳动局的解释,一纸诉状将劳动局告上法庭,请求法院判令劳动局做出变更处理。面对这样的诉讼,人民法院尽可以告知张三等人,该系统关于各类职工养老保险费缴纳基数的决定,属于政策制定或落实行为,劳动局无权做出变更处理,所以张三等人与劳动局之间不能形成行政诉讼关系,人民法院也不能作为行政案件受理。至于张三等人所反映的问题,可由该系统上级部门或有关人民政府核查处理。但我们的法院不但受理了,而且判决"劳动局重新做出处理决定"。

这样的判决当然无法执行,而张三等人的一次次上访却无一例外地记在了法院的账上。

规则掩盖下的卑鄙

当人们的良知和道德意识缺失之后，法律往往显得无奈和漏洞百出。

2010 年至 2013 年间，张三先后供职于三个用人单位，他在第一个用人单位 A 公司工作满十三个月以后，立即提出辞职，并以 A 公司未在法定时间内与其签订书面劳动合同为由，起诉要求 A 公司支付其工作期间的双倍工资。法院经审理认为，张三所诉情况属实，其请求合法有据，故判决 A 公司向张三另行支付一份工作期间的工资（正常工资已按月足额支付）。在该诉讼尚未审结的同时，张三又到 B 公司去上班，但 B 公司仍未与张三订立书面劳动合同。十三个月后，张三如法炮制，又从 B 公司巧取了工作期间的双倍工资。此后，张三又进入了 C 公司，待双方发生诉讼时，C 公司依然未与张三订立书面劳动合同，C 公司的败诉似乎已成定局（《劳动合同法》第 82 条规定：用人单位自用工之日起超过一个月不满一年未与劳动者订立书面劳动合同的，应当向劳动者每月支付二倍的工资）。

法苑见闻

法庭上，C公司慷慨陈词："①我公司未在法定时间内与张三订立书面劳动合同，并非出于故意，而是疏忽大意；如果张三当初提出订立书面劳动合同，我公司断无拒绝的道理。②《劳动合同法》第82条的规定，旨在规范劳动用工市场，并非单纯为了保护劳动者；现张三只主张双倍工资而不主张订立书面劳动合同，显然是在钻法律的空子，意图谋取额外利益。③据我公司所知，张三在此前已与A、B两公司打过同样的官司，因其均已胜诉，所以才有今日之案；张三之行为明显具有恶意诉讼性质，长此以往，必将冲击劳资关系中的职业诚信与社会和谐。故我公司不同意向张三支付双倍工资。"

C公司说的自然很有道理，但张三的辩称更让法官动容："疏忽大意就可以免责吗？劳动用工市场规范不规范是我应该关心的吗？职业诚信与社会和谐能给我带来实际利益吗？我承认诉讼的动机并不优良，但法有明文，其奈我何！"用"卑鄙"两个字来形容张三似乎并不过分，但作为中立裁判者，却不允许法官使用如此偏激的字眼。

此案再一次说明，立法上的任何毫厘之失，都将导致某些人道德上的千里之差。而对于身处矛盾风暴与漩涡中的司法及其法官来说，却往往不能"直挂云帆济沧海"。

以访代诉为哪般

为张三（女）的上访事宜召开听证会，这已经是她连续上访五年以后的事了，期间各级各部门曾多次接待，但她却始终不能息诉罢访。当时参加听证会的人员来自党委政府直属的十七个部门，另外还有特邀的心理学专家。

听证会上，张三（女）表现的情绪激动，言谈话语锋芒毕露，在将近两个小时的会议期间，几乎没有听到听证人员的声音，全然是张三（女）慷慨激昂而又语无伦次的情绪发泄。而她的中心思想只有两点：①其女儿在刚刚进入广播电视大学时一切正常，可是到了学期末却患上了精神分裂症，责任完全在校方；②鉴于其女儿需要治疗及生活上的保障，要求电视大学给予经济赔偿120万元（这在二十世纪末相当于10套百平米的商品住房，实在是一个不小的数字）。

一个似乎明白的与会人员，在张三（女）激烈演讲的间隙插话说："您为什么不向法院起诉呢？"但却立即遭到张三（女）的猛烈攻击："找谁还不都一样！"

据我们了解，张三（女）在长达五年的上访过程中，早已咨询清楚，其女儿在校期间患上精神分裂症与其他学生患上重感冒性质完全相同，重感冒需要自行救治，精神病又岂可他求，打官司那是必输无疑。所以，五年来她从未登过法院的门槛，而是一次又一次地走上北京的长安街头，胸前还总是挂着一块大大的招牌——电大还我健康女儿。

俗话说，秀才遇到兵，有理说不清。而每当此时，我们真的不知道谁是官谁是匪，谁是秀才谁是兵，反正张三（女）的诉求终于在世纪之交得到了完全彻底的满足。

对于这样的处理结果，我们无论如何都不能标榜为亲民的善举，当然更不能定义为法治的胜利。真正的法治，不仅需要完善的立法、公正的执法和公平的司法，还需要全体民众的懂法与守法。尤其是对体制内和体制外一切违法犯罪行为给予强力制裁，更是依法治国的题中应有之义。但如张三（女）这种无因性的闹访与缠访，直到二十一世纪的第二个十年，才有了"访民敲诈勒索政府罪"的判例，而且碍于"人权保障"之高唱，真正被惩处者寥寥无几。

历史与未来辩论

时　间：二十一世纪初

地　点：梦幻演播厅

主持人：天理节目主播

评审团：理论与实务专家组

正　方：1957 年老法官（已故亡灵）

反　方：2157 年新法官（新新人类）

以下为辩论现场。

主持人：今天的辩论源于 1957 年张三诉李四债务纠纷案的审判，该案相关情况如下：

1957 年，寡妇李四在丈夫去世一年后，带着自己唯一的未成年女儿改嫁他乡，并准备将原来家庭中的旧房拆除带走，遭到其前夫之兄（李四的大伯哥）张三阻拦。双方为此发生纠纷，张三诉至某县法院，但双方争议并非房屋归属，而是此前的债务纠纷。

原告张三诉称：其同胞兄弟和弟媳李四于 1952 年翻建房

屋时，曾通过同乡甲男之手向其借款 300 元，至今未还，现有甲男证言可证，故请求法院判令李四偿还借款。否则，我不会同意李四拆走房屋。被告李四辩称：前夫在生前曾向我表示，说已不欠任何人外债；且在我前夫 1955 年初至 1956 年病重期间，原告从未向我前夫提过此笔借款，而在我前夫去世后一年多的时间里，原告也从未向我提过此笔借款。现正值我刚刚改嫁并准备拆除自家房屋时，突然提出借款之事，实属捏造事实，别有用心，请求法院判决驳回原告请求。

县法院经审理，判决驳回了张三的诉讼请求。理由是：①虽然借款事实有甲男作证可以认定；但原告主张借款未还，并无证据证实，故未还的事实无法认定。②原告张三在其弟病重期间，从未向其弟主张过此笔借款，而在其弟去世后一年多的时间里，也从未向其弟媳李四主张过此笔借款，故应认定此笔借款早已不复存在。张三不服，上诉于二审法院，二审法院以同样理由，驳回张三上诉，维持一审判决。

对于 1957 年两级法院老法官判决的理由和结论，2157 年新法官颇有微词，引起司法前辈强烈不满。现双方争议已由个案的对错研讨升级为司法理念之争。为了分清是非曲直，我们特组织了此场辩论。辩论的主题是：民事司法到底是应该追求客观事实，还是应该追求法律事实？希望双方仍以此案为由头和根据，各抒己见。本次辩论分为三个阶段，即阐明观点、自由辩论和总结陈词。首先由双方各自阐述己方观点，时间分别为 N 分钟。有请正方一辩。

正方（一辩）：我方认为，民事司法应该追求客观事实。①客观事实是案件本身所固有的，它不以人的意志为转移，所以只有客观事实才是民事司法判决的真正依据。②查清案件的客观事实，不仅是民事司法职责之所在，也是案件当事人和普通民众的真诚企盼，历史上流传千载的摸钟辨盗（狄仁杰）及煮钱断物（寇准）等民间传说，正是人民群众对这种司法理念的肯定、向往与弘扬。③民事司法对客观事实的追求，不仅可以保证个案审判的准确无误，而且还将以其巨大的示范效应，引导当事人诚信作为和诚实诉讼。

主持人：有请反方一辩。

反方（一辩）：我方认为，民事司法应该追求法律事实。①所谓追求客观事实只是司法者的美好愿望，实际情况只能是根据双方当事人所举证据，经司法人员分析判断，确认一个证据上相对有效和相对充分的事实，而这个事实未必就是案件的客观事实。②以追求法律事实为理念，必然要求民事司法人员严格依法办事，因而可有效防止司法公权力滥用和司法人员主观臆断，增强诉讼结果的可预测性，消除当事人合理怀疑。③民事司法对法律事实的追求，虽不能保证个案审判的绝对无误，但却会以其巨大的示范效应，引导当事人依法规范作为，减少纠纷和减少诉讼。这正如两千多年前的孔子所说：听讼，吾犹人也；必也，使无讼乎！

主持人：有请正方二辩。

正方（二辩）：刚才我方一辩已就民事司法追求客观事实

的重要意义做了充分论证，我在这里需要进一步强调的是，民事司法追求客观事实不仅应该，而且可能。①客观事实因其真实存在，必然会在其产生、发展和消亡的过程中，留下蛛丝马迹，正所谓人过留名、雁过留声。而这些蛛丝马迹正是客观事实的真实反映。②司法活动不是简单的物理活动，而是我们司法人员的复杂思维活动。对于客观事实可能留下的那些证据，只要司法人员善于发现，精于分析，就一定能够查清案件的客观事实。③案件的客观事实往往与当事人心理和诚信水平以及人情事理紧密相连，司法人员以其经验和直觉，通过综合分析与判断，查清客观事实并非难事。

主持人：有请反方二辩。

反方（二辩）：诚如正方二辩所说，民事司法查清客观事实只是一种可能，永远也达不到确定无疑的程度。①任何蛛丝马迹都只是客观事实某一方面或某一部分的反映，不可能反映出客观事实的全貌；况且还有很多客观事实根本就没有留下蛛丝马迹，正所谓人过留名不见名，雁过留声不闻声。②根据现代法治理念，民事活动多取决于当事人意思自治，司法人员的复杂思维不能表现为主动发现和收集证据。因为这有可能导致公权力滥用，并使司法沦为一方当事人的帮凶。而且司法主动发现和收集的证据，也未必反映客观事实全貌。③司法人员的经验和直觉千差万别，各有高下；案外因素与案件联系间接，本性盖然。所以，民事司法追求客观事实的理念和手段，不但无助于客观事实的查清，反而会使案件事实的认定千人千面。而我方所追求的法律事实，严格按照法律规定的程序和要求办理，绝少掺杂司法人员主观因素，所以我们对案件事实的认定往往具有唯一确定性。这是因为：①任何客观事实都有其发生、发展和消亡的过程，我方在查证案件事实时往往是将其依法化整为零，分段调查，如法律关系设立的事实、法律关系发展和变化的事实以及法律关系消灭的事实等，这就避免了在确定待证事实时的随意性。②贯彻谁主张谁举证的司法原则，在当事人主张某一事实存在而又不能提供相应证据时，依法由主张方承担不利后果。③当一方当事人因客观原因无法举证时，司法人员可根据法律规定和当事人申请调取某些证据，或通过经验法则的适用直接认定某一事实。但这里所说的经验法则不是指司法人员个人的经验和直觉，而是依法具有普适性的社会经验。综上所述，由于我方关于案件事实的查证，完全基于法律规定的证明内容、证明标准、证明方法和举证责任分配与转换原则，所以我们把司法认定的案件事实称之为法律事实；虽然它有可能无限接近客观事实，但我们却不将其标榜为客观事实。

主持人：下面开始自由辩论。时间分别为 N 分钟。

正方：在新中国刚刚成立不久的 1957 年，现代民法制度和司法上的证据规则均未建立，但我们以追求客观事实为理念，所以更加注重证据的作用。比如张三诉李四一案，张三主张借钱给李四的事实，因为有证人出庭作证，所以我们认定了该事实；但张三同时主张借款未还，却没有提供相应证据，所以"未还"的事实我们没有认定，其主张自然也不能得到支持。

法苑见闻

反方："未还"的事实只是原有借贷事实的延续，其本身不构成独立事实，所以它不可能产生新的证据。正方令张三就"未还"事实举证，实为强人所难。由此也可以看出，正方在待证事实的确定方面，存在着极大的盲目性和随意性，这又如何能追求到案件的客观事实呢？我方认为，"借款未还"实为借贷关系继续存在的事实，而张三的举证责任早已完成。与张三"借款未还"主张相对立的抗辩乃是李四所说"借款已还"，李四主张的本质是强调借贷关系消灭，而该事实构成独立事实，举证责任在李四。现因李四不能举证证明借款已还，故其应当承担继续还款的不利后果。这也正是现代证据制度中举证责任分配和举证责任转换的规则。

正方：众所周知，中国人的传统习惯是讲义气好面子，相互之间的经济交往多无手续，尤其是亲属之间的经济往来更以签字写条为羞耻。在这样的国情民风之下，你让李四对还钱的事实举证，岂不脱离实际？所以我方在审理此案时，以追求客观事实为理念，摒弃唯证据论，综合案外因素，参酌人情事理，终于查清了客观事实。具体来讲，如果借款确实未还，张三一定会在其弟（李四之夫）临死之前提出此事；或退而求其次，张三起码也要在其弟去世以后，及时向弟媳李四挑明此事。此乃事之常理。而张三在上述两个关键时间段均未提出，足以说明借款已还。

反方：正方所说人情事理，实为司法人员主观臆断。如按正方逻辑，我方可做如下分析：张三与李四之夫乃同胞兄弟，弟患重病而兄索旧债，实为不仁；胞弟新丧，弟媳寡居，此时索债，实为不义。及至弟媳改嫁，双方亲属关系断绝，张三借机了却旧债正当其时。此乃人之常情。常理与常情同在，而结论却截然相反，以此断案如何能追求到客观事实？

主持人：自由辩论结束。下面由双方总结陈词，时间分别为 N 分钟。有请正方三辩。

正方（三辩）：俗话说，事是死的，人是活的。再完备的制度设计也无法涵盖社会生活的方方面面。我们只有牢固树立追求客观事实的民事司法理念，充分发挥司法人员的主观能动性，通过对案件证据和案外因素的综合分析，并假以情理法的经验与逻辑的评判，方能对案件做出客观公正的审理。

主持人：有请反方三辩。

反方（三辩）：法谚有云，正义先于真实，程序先于权利。我们只有牢固树立追求法律事实的民事司法理念，充分发挥司法程序的客观规范性，通过对举证责任分配和举证责任转换的科学把握，并假以公开和可操作性的庭审，才能对案件事实做出确定无疑的认定。

主持人：本场辩论结束。请评审团退席评议。

评审团：评审团经评议认为，双方观点虽貌似对立，其实并无本质区别，正方强调的是民事司法的应然状态，反方强调的是民事司法的可然状态。但不论确立什么样的司法理念，科学技术水平却只能保证我们对客观世界的认识无限接近客观真理，总有一些未知领域是我们在已有条件下无法认知的。关于

法苑见闻

法官司法，从普通民众的角度讲，大多希望司法查清客观事实，以满足人们的正义情结；但对于涉案当事人来说，他们并不在意客观不客观，只希望自己的主张得到司法的支持，以满足自己的私利诉求。所以，完善制度设计、强调程序价值、提高司法的透明度和可预测性，成为现代司法的发展方向。虽然双方理念并无优劣之分，但是实现手段差别较大。所以我们对此场辩论的评判，重点仅限于技术层面，以是否符合民事司法规律及其发展方向为标准，来决定辩论的胜负。至于张三诉李四一案，评审团认为，不论是按照正方观点驳回张三的诉讼请求，还是按照反方观点支持张三的诉讼请求，均不能保证必然正确。关于本场辩论的胜方，还是请主持人来宣布。

主持人：我宣布——反方胜！